Moonology

ムーンオロジー

月のリズムの魔法を活用する

ヤスミン・ボーランド

長井千寿 訳

LIGHT WORKS

オリビエとルイへ

地球から月までの距離ほど、

いえ、それよりもずっと、

あなたたちを愛しています。

あなたの人生で何かをうまくゆかせる秘訣は、
第一に、うまくゆかせたいという
心の奥底から湧き上がる願望です。
次に、それが必ずうまくゆくと信頼し、
確信することです。
次に、あなたの意識に生き生きした
明確なビジョンを描きます。
そして、疑念や不信を持たずに、
人生が一歩一歩実現してゆくのを見守るのです。

フィンドホーンの創設者　アイリーン・キャディ

Contents 目次

Part 3　満月の魔法とワークする

Part 4　デイリームーンを意識する

はじめに

時が刻まれて以来、月は数え切れないほどの
祈りを受け止めてきた最古の寺院です。
月が鳴らすベルの音は、あなたを聖母のもとへ連れていきます。
そこであなたの体と魂は育まれます。

ダナ・ゲルハルト

月は宇宙の時を刻んでいます。月を活用することで、理想の人生を創ることができると私が言ったら、あなたは信じることができますか。

もちろんそれは可能です。なぜ私が確信しているのかと言えば、過去15年にわたって、私と何千人もの私の読者の方々にとって効果があったからです。私は、月を活用して夢を叶える方法を公式ウェブサイト*で伝えてきました。あなたもこの本で紹介されている方法や情報を活用するうちに、その効果を実感することでしょう。あなたも夢を実現することができるのです。

*公式ウェブサイト（英語版）www.moonology.com

月を活用するためには、月のサイクルと実現化の基本原則を知る必要があります。この本では、その両方について説明しています。

これまであなたが実現化を試みたものの、まだ成功していないのなら、この本の情報が役に立つでしょう。あなたの夢を後押しするために、月のエネルギーを活用する方法が網羅されているからです。

月のサイクルを活用することで、
私たちは、望む世界を創造することができるのです。

そのために、あなたは占星術家である必要はありません。占星術を信じる必要さえないのです。数学も天文学も知らなくて大丈夫です。体系的な知識がなくても、月を活用することは簡単にできます。月は、ほぼ毎日空に浮かんでいます。私たちは月とつながり、月も地球とつながっています。出発点としてはそれだけ知っていれば十分です。

肝心なのは、月のサイクルに合わせて願い事をして、自分の意思を定めることです。新月の願い事を習慣づけることで夢を叶えたという報告を、私は今までたくさん受け取りました。その経験から、あなたにも是非その秘密を伝えたいのです。

この本では、新月の願い事が本当に叶う理由や、満月がどのように実現化を助けるのかを説明します。実は満月のワークも、2週間後に訪れる新月の時期に、あなたの夢を叶えるのに役立つのです。

新月と満月を最大限に活用する方法として、月が12宮のどのサイン（星座）にあるのかを知ることが重要です。そうすれば、新月と満月が影響を及ぼしているあなたのホロスコープチャートを推測する方法が分かります。この情報は、今後2週間の出来事を予測するために使うことができます。

この本の使い方

この本は、4部構成になっています。

Part 1は、月とつながる方法と月の主要な8つの満ち欠けの相について説明しています。それぞれの月の相が固有のリズムを持ち、その時期に私たちがするべき活動があります。それを認識することは、あなたの人生にとって大きな恩恵となるでしょう。月のリズムに波長を合わせると、人生の流れがスムーズになるのです。まるで秘密の暗号を解読したようなものです。

Part 2のテーマは新月です。新月の願い事について、その方法や願いが叶う仕組みを解説します。4週間ごとに新月の願い事が必須である理由を、きっとあなたは納得してくれるでしょう。

新月が、12宮のどのサインに位置するのかも知っておきましょう。この知識があれば、新月から始まる1か月が持つテーマとエネルギーを理解できるので、とても役立ちます。占星術の知識は特に必要ありません。

また新月の項目においては、あなた個人のホロスコープの中で、今回の新月がどこに現れるかを簡単に見つける方法を説明します。ホロスコープ盤を12に分けたものをハウスと言いますが、新月が入るハウスを知ることで予測ができます。

また、大天使や女神たちとつながり人生を改善する方法、チャクラを活性化させる方法なども学びます。新月を宇宙の時計として使い、人生を創造、計画、予測することができるのです。

Part 3では、満月に焦点を当てます。美しく光り輝く満月は、高まる感情や、人生の葛藤、クライマックス、ネガティブなものを手放す機会などを示しています。満月は、毎月、サインを移動します。

ここでは、各満月のエネルギーを最大限に活用する方法を説明します。また、「満月の許しと感謝」が、新月の実現化をどれほど促進するのかも解説します。

満月が滞在中のサインを活用すれば、宇宙と波長を合わせることができるようになります。毎月、あなたのチャートのどこに満月が滞在するのかを見定めましょう。そしてその意味を知ってください。

Part 4では、デイリームーン（新月や満月以外の日々の月）に注目します。あなたが月の満ち欠けを意識するようになると、いつも、「今夜の月はどこにあるのだろう？」と思うようになるでしょう。デイリームーンがあなたにとって、どんな意味を持つのかを説明します。あなたはそのエネルギーを理解し、上手に活用できるようになるでしょう。

また、新月と満月と同時に起こる日食や月食、月のノードについても触れています。食があなたのチャートに現れる時は、大きな変化が生じるかもしれません。それは実際、私にも起こりました。

さらに、1年間のプランナーを作成する方法を学びましょう。プランナーを使うと、月の満ち欠けに合わせて、実用的かつ神秘的な方法でワークができます。1年後には、人生における主な分野をカバーしているでしょう。

上記について、私はできるだけ分かりやすく解説しました。私のウェブサイトも是非参考にしてください。月に関する詳しい情報を得たり、ワークシートをダウンロードしたりできます。

さあ、乗り込んでください。月への旅に出発です！

Part 1

なぜ月は
魔法なのか

夢を叶えたい人たちの多くが気づいていないこと…
それは、実現化のプロセスを新月の時期に始めれば
夢を叶えるチャンスが大いに高まるということです。

CHAPTER 1

月に波長を合わせましょう！

新月の願いについて、最初に私自身の経験をお話ししましょう。時を遡り、13歳か14歳だった頃、私はタスマニア州の州都ホバートに住んでいました。タスマニアは、地球儀の下の方にある島で、オーストラリア本島の南に位置しています。タスマニアと南極大陸の間には、途切れ途切れの海と冷たい空気があるだけです。私はその海をヨットで渡ったことがあるのでよく知っています。

願い事をする

その頃の私にとって一番の夢は、このタスマニアから出て、フランスのパリに住むことでした。私は寝室の壁にパリの絵をかけ、フランス語の詩を読んだり、フランスの音楽を聴いたりしました。最初に習った料理は、フランス料理のキッシュロレーヌです。一時は、フランス煙草のゴロワーズにまで手を出しました。決して煙草を吸いたかったのではありません。煙草をお香のように部屋で焚いて、自分がラテンクオーターのジャズの流れる薄暗いカフェにいるパリジェンヌだと想像していたのです。残念なことに、私の母は煙草の匂いにすぐ気づきました。当然、私が煙草を吸っているのだと思い、私は大変な目に遭いました。

それからしばらくの年月が流れました。ジャーナリストとなった私は、パリに1週間滞在する機会がありました。パリに住む私の友人が休暇でオーストラリアに滞在中、アパートを貸してくれたのです。パリには何度も行ったことがありましたが、大人になって一人で訪れたのは初めてでした。

偶然にも、私がパリに到着したのは新月の夜でした。もちろん、私は新月の願い事をするために、まっすぐエッフェル塔へと向かいました。その背の高いタワーは、私の願いを天に届ける場所として完璧だと思ったのです。そして実際その通りでした。

私の願いは、当初予定していた1週間よりもずっと長く、パリに滞在したいということでした。独身のフリーライターだった私は、インターネット環境とノートパソコン、そして有効なパスポートがあれば世界中どこでも仕事ができるのです。今、私はパリにいて様々な好条件に恵まれているというのに、なぜすぐ帰らないといけないのでしょうか。

アパートに帰ろうと夕暮れのパリの道を歩いていると、頭の中で声が聞こえました。

「ええ、私はここに住んでいます！」

こんなことを考えるなんておかしい、と私は思いました。しかし、本当にその通りになったのです。翌日、パリの最も高級な地域にあるアパートの賃貸者募集の広告を、私は見つけました。そこは私が住んでいた場所のすぐ近くでした。早速、私はオーナーに会いに行きました。後になって知ったのですが、その人はヨーロッパのお姫様だったのです。

彼女は私にアパートを見せてくれました。素晴らしいアパートでした！　ただ、一つだけ条件がありました。アパートのキッチン横に写真現像用の暗室があり、オーナー夫妻が時々訪れるというのです。そのせいで、家賃がこの地域の相場の半額ほどだったのです。それは、サン＝ミシェル通りをすぐ入ったところにありました。

幸いにも、オーナー夫妻は英語を流暢に話したので、意思の疎通にも問題がありませんでした。一応、私は大学でフランス語を履修したのですが、まだまだ勉強が必要でした。オーナー夫妻はアパートを私に貸してくれることになり、私はその後2年半もパリに住んだのです。

私がパリに住むことを願ったから、夢は実現したのでしょうか。それだけではありません。私は夢に向かって行動したのです。つまり、私はフランス語を勉強し、パリを訪れ、エッフェル塔の下で願い事をすることで、夢を叶えたのです。私たちは常に実現化の途上にあります。そういう仕組みなのです。

あなたは、人生を失敗するのではないかと心配していますか？では、きっとそうなるでしょう。

あなたは、パリに住むことを夢見ていますか？　それもきっと実現するでしょう。パリに住みたいという私の夢が、私の現実を創ったように。

念願のアパートの契約書にサインをしてから2、3時間後、私はカフェにいました。そこで会った人にも言われました。

「あなたは奇跡を起こしましたね！」

確かに、パリにふらっとやって来た外国人が、アパートを借りるなんて簡単ではないのです。ましてや、パリの一等地に格安で借りることができるなんて幸運はめったにないのです。

けれども、私にとっては、すべてが流れるようにスムーズな出来事でした。

私は夢にまで見た生活をしているのに、何だかそれがとても自然に感じられたのです。

そう、その出来事が自然だと感じられる時にこそ、魔法が起こるのです。

月について　～10の知識～

さて、先に進む前に、月について知っておきたい情報をお伝えしましょう。今後の解説を大局的に捉えるのに役立ちます。

1. 月は地球から384,400km（238,855マイル）離れていて、半径は、1,737km（1,079マイル）です。
2. 1969年、アポロ11号の宇宙飛行士たちは、約3日かけて月面に着陸しました。それまでに、11回のミッション（その中にはバズ・オルドリンとニール・アームストロングがいます）、その後の5回のミッションを費やしていました。2006年には、NASAのニューホライズン探査機が、冥王星に向かう途中で月を通過しました。その時には9時間弱で月に到着しました。しかし、その時は着陸を目指していなかったので、減速していませんでした。
3. 月の年齢は、推定45億2700万年です。それは地球とほぼ同じです。

4. 科学者によると、月の起源は、誕生したばかりの地球が火星ほどの大きさの天体にぶつかった際、軌道に投げ込まれた破片から形成されたということです。
5. 地球が太陽の周りを回っているように、月は地球の周りを回っています。
6. 月は、黄道の12のサインすべてを移動するのに、約30日かかります。それぞれのサインには2日と少し滞在します。
7. 2週間おきに、新月そして満月と移り変わります。ですから新月の時期の2週間後に満月となり、その2週間後に新月となります。その後、同じサイクルが繰り返されます。
8. 占星術家は、月の満ち欠けのサイクルのことを「ルネーション」と呼びます。例えば、「次のルネーションは、牡羊座の満月だ」というように使います。
9. 占星術において、月が管轄しているテーマは、感情、食べ物、家、本能、母、必要性、乳房、育成、女性らしさ、過去、ルーツ、安全性、そして潜在意識です。
10. 月は、天体に刺激を与えながら黄道を移動していきます。月は宇宙の時を刻む時計のようなものです。

さて、占星術的に月はどんな性質を表しているのでしょうか。

月が持つ性質：

感情、母親、子育て、思い出、女性らしさ、女神、魔女、女性、子ども時代、周期、栄養、受け継がれたもの、習慣、繊細さ、気分、揺らぎ、潜在意識、受容性、家庭生活、大衆、食事、育成、家庭、必要性など。

月とつながることで受ける恩恵

この本で紹介する方法を実践すると、月とつながることで大きなパワーが得られることに、あなたは気づくでしょう。月とつながるとは、新月の時に願い事をして、満月の時に手放し許すことです。これについては後ほど詳しく説明します。また、新月と満月の滞在するサインとワークすることの素晴らしさが分かるでしょう。新月や満月の位置から読み取れることが、あなた個人のホロスコープにも影響を与えます。だんだんと、あなたは月の暦を基準にして、日々を数えるようになるでしょう。

あなたがスピリチュアルな道を歩んでいるのなら（この本を読んでいるということは、きっとそうなのでしょう）、月とつながることは、魔法を使うことです。この人生には日常生活を超えた深さがあることを、月は思い出させてくれるからです。空を見上げてください。月が輝いています。裸眼でも美しく見えます。これまで望遠鏡で月を見たことがない方は、是非見てください。

毎月、毎年、月を眺めていると、月のサイクルやリズムに馴染んできます。そして、私たちが皆、大きな存在の一部であり、宇宙の子どもであることを思い出すのです。私たちも小さな星々です。毎日、苦労して職場に通勤し、昇進を目指して競争するだけのちっぽけな存在ではないのです。

私たちは悟りに向かって旅をする魔法使いであり、宇宙と一体です。宇宙や自然に思いを馳せることがなくても、月とつながれば聖なる存在とつながります。私たちの神聖な部分と宇宙がつながるのです。

月のサイクルと同調し始めると、あなたは宇宙や自然とつながり始めます。21世紀に生きる私たちは、自然とかけ離れた生活をしています。もちろん、皆が都市に住んで、人工的な照明の下でパソコンに向かい、何時間も過ごすわけではないでしょう。でも、多くの人たちがそんな暮らしをしています。たまには屋外に出て、美しい月を眺めて自然とつながれば、ほっと一息つけるはずです。

あなたの家の窓や庭から、月を眺めてみましょう。見えなければ、通りまで出たり、公園に行ったりしましょう。私が、以前タイを訪れた時は、ビーチの小屋から毎晩大きくなっていく月を眺めていました。暗い空に美しく輝いていた月を今でもよく覚えています。

最近のお気に入りは、満月になりかけている時に「月光浴」をすることです。ただ月の光を浴びて外で座っているだけですが。息子も加わる時は、月の魔法の話を彼にしてあげます。満月の夜は、宝石を浄化するのにも適しています。外のどこか安全な場所に宝石を置いておくだけです。

月とつながることを、あなたの新たな習慣にしてください。新月の時期に願い事をすれば、夢は叶い始めるでしょう。新月には特別なパワーがあることを、あなたは心から信じることができるでしょう。私もそうでした。満月は、私たちが物事を手放す時期ですが、現在はそれも世間に広まってきています。私たちは、依存心やネガティブなものを定期的に手放す必要があるのです。

CHAPTER 2

月の満ち欠けを活用して人生を変える

月とつながるためには、月のサイクルを意識することが大切です。早速、月のワークを始めましょう。それは月の満ち欠けの8つの相を辿ることです。これを知っておくと、あなたの人生が変わる可能性が大いにあります。

月の8つの相のうち、少なくとも2つの相はご存じだと思います。それは満月と新月です。

月の暦

月は満ち欠けによって、形が変化するように見えます。新月から徐々に満ちて上弦の月となり、そして満月になるという周期が繰り返されます。しかし、実際に変化しているのは太陽と地球に対する月の位置なのです。

ここで少し技術的なことをお話しします。月は地球の周りを回ります。地球は太陽の周りを回ります。月の満ち欠けは、地球と月と太陽の変化する角度の結果なのです。月が地球を回ると、月と太陽の位置の角度が変化して、地球にいる私たちから見える月の照らさ

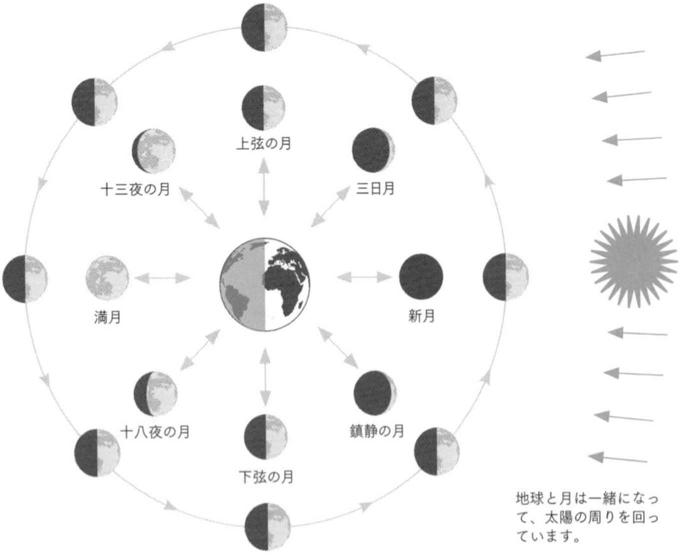

月の満ち欠け　～8つの月相～

れた部分が変化します。ですから、月全体が照らされている状態（満月）や、半分照らされている状態（上弦と下弦の月）を見たりするわけです。

昔から、人間は月のサイクルに気づいていて、変化する月の形に名前をつけました。そして、それぞれの月相が及ぼす影響を研究し、そこで得た知恵を占星術に活用したのです。

上の図は、月の29日半のサイクルにおける、月相の変化を示しています。（図に示されている角度は、地球から太陽へ、そして地球から月へと線を引いた時のものです。ですから、0度の時は新月となり、その後地球を180度回ると満月となります）

・十三夜の月（満ちていく月）は、新月から満月に向かう月で、毎晩大きくなっていきます。

・十八夜の月（欠けていく月）は、満月から新月に向かう月であり、毎晩小さくなっていきます。

・月の満ち欠けは、「陰と陽」という中国の哲学的概念から捉えることができます。

・新月は陰のエネルギーが強い時期です。その後徐々に、陽のエネルギーが増えていきます。

・満月は陽のエネルギーが強い時期です。その後徐々に、陰のエネルギーが増えていきます。

私たちの人生と同じように、月が常に変化しているのは素敵だと思いませんか。

月の満ち欠けを活用するための手引き

月の相に応じて、特定の行動を推奨する伝統や言い伝えは、何百年も前から存在していました。1967年に、アメリカの作家デイン・ルディアは、『Lunation Cycle（月のサイクル）』という本を出版し、出生チャートにある太陽と月の関係が、私たちの性格を理解するための重要な鍵であると述べました。興味のある方は、是非読んでみてください。

私も長い間、それぞれの月相のエネルギーを活用する方法を研究してきました。例えば、月の満ち欠けに応じて、私たちがするべき行動について考えました。これについては後ほど説明します。私の研究は、一部ルディアの発見に基づいています。それに伝統的な知恵と私自身の経験を考慮してアドバイスをしています。

常に月相に合わせたワークができれば理想的でしょう。しかしほとんどの人は、人生でトラブルを抱えている時にだけ、月に思いを寄せるのです。例えば、何か困難なことに遭遇して、宇宙に助けてもらいたい時です。でもそれで構わないのです。大事なことは、月の満ち欠けに合わせた暮らし方を理解することです。月に波長を合わせれば合わせるほど、人生の流れは良くなっていきます。

毎日更新する私のウェブサイトで、月の満ち欠けの状態がご覧になれます。

www.moonology.com

月の満ち欠けを知らせるニュースレター(英語版)の受信もできます。

www.moonologybook.com/dailymessage

新月について

- 将来の夢の種蒔きをする時期です。
- 鎮静の月の1日〜3日半後に始まります。
- 新月のキーワードは、真っさらな状態、可能性、夢です。

新月は間違いなく、月のサイクルの中で最も心躍る時期でしょう。何も始まっていない静かな時だと思うかもしれませんが、実際、あなたの夢は実現し始めているのです。新月を楽しみにして、計画をして、ワークをする時間を作りましょう。創造には時間がかかります。この時期には、「私は祝福されています」というマントラを唱えてください。

あなたには、アイデアが次々と湧き出てくるでしょう。どれを選ぶか決めてください。何でも可能です。あなたがしたいこと、したくないことは何ですか。自分の夢について深く考えれば、あなたのハイヤーセルフ（神聖な自己）とつながって、ガイダンスを受け取ることができます。

また、新月の時期にはマッサージを受けるのがお勧めです。情熱的なセックスや、お風呂にゆっくりと入るのも良いでしょう。自分の体が生きていると実感できることなら何でも良いのです。肉体を持った人間としての経験をしましょう。

心から夢を実現したいのなら、夢について文章を綴ったり、絵を描いてみたりしましょう。多くの人にとっては、文章を書くことが役立つようです。しかし私個人としては、落書きのようであっても絵を描く方が良いと感じています。夢を絵にすることで、自分が実現した姿を思い浮かべているからです。それはとても大事なことです。夢は叶うと心から信じた瞬間に、実現化がスタートするからです。

後ほど、この本のPart 2でお話ししますが、「信じることができれば、あなたはそれを達成できる」という言葉の通りです。

あなたは絵を描くのは苦手なのですか？　心配いりません。しかし文章にする際には、同時にイメージすることを忘れないでください。そして感じるのです。ウェイン・ダイアー博士の言葉を引用するなら、「願いが叶った時の気持ちになってみる」のです。体で感じてください。その嬉しさを感じてください。願い事を口に出してみるのも効果的です。新月を活用することで、夢の実現が早まるでしょう。

三日月について

・あなたの夢を探求しましょう。
・三日月は、新月の3日半〜7日後に始まります。
・三日月のキーワードは、勇気、前進、信じる気持ちです。

夢が花開く時期です。あなた自身とあなたの夢を、開きつつある花だと想像してください。月は、見えない状態（新月）から、力がみなぎった状態（満月）になろうとしています。ですから、あなたの夢にも同じ事が起こっています。今は、夢が叶い始めたという実感がほとんどないかもしれません。でも、三日月がほっそりした姿を現すように、夢は叶いつつあるのです。

あなたの願い事について考え続けましょう。新月の時に作成した願い事のリストを読み返してみましょう（これについてはPart 2で説明します)。それを声に出して読み、よく考え、頭に描いてみましょう。それは現実だと感じ始めていますか。もしそうでないなら、もう一度読んで、思い描いてみましょう。願いが叶った時の気持ちを感じてみます。願い事をして、あなたの意思を明確にすることで、力強い第一歩を踏み出すのです。あなたが本当に人生を変えたいのなら、理想のビジョンを常に心に描く必要があります。

三日月の頃は、信念と勇気を保ち続けてください。何かを望むなら、それを追い求める勇気が必要です。私たちは常に失敗を恐れているからです。不安になりやすい人は、この時期にはさらに努力をして、実現化が始まる前に諦めてしまわないようにしましょう。

上弦の月について

・目的に向かって真剣に取り組む時期です。
・新月の7日～10日半後に始まります。
・上弦の月のキーワードは、挑戦、自信、決意です。

新月から満月の途中で現れる上弦の月は、半月の形をしています。この時期は、夢の実現のために必要な資質をはたして自分が持っているのかと、疑問を抱き始めるかもしれません。あなたの決意が試されています。本当は、願い事に対し以前ほどの情熱を抱いていないと知っていたら、その夢は手放してください。それはあなたのためでもあります。

あなたのエゴは夢に執着するでしょうが、きっぱり手放しましょう。依然として、夢に情熱を感じているのなら、決意を新たにしましょう。私たちは時々、自分が何かに真剣であることを思い出す必要があるのです。この時期は初心に返って、願い事のリストを読み返してください。もう一度その時の気分を思い出しましょう。

また、危機や問題が起こりやすい時期でもあります。ただし、夢に向かって真剣に取り組むためには好都合とも言えます。この時期に起こる問題の占星術的な理由としては、月は地球とかなり離れた位置にあって、太陽とぶつかりそうになり、困難を示す角度が形成されているからです。その角度はスクエア（90度）と呼ばれ、問題を引き起こしがちなのです。現在生じている問題に対し、何らかの対応が求められています。

十三夜の月（満ちていく月）について

- その道に留まってください。
- 新月の10日半～15日後に始まります。
- この月相のキーワードは、微調整、磨きをかける、順応です。

月が満ちてくるにつれて、スタミナが必要となってきます。夢を諦めないでください。エゴや恐れのせいであなたの計画を台無しにしないでください。人生があなたに与える教訓を受け入れましょう。目的を果たすために変更すべきことがあれば、今そうしてください。十三夜の月は、どんどん膨らんでくる月です。そしてこの月相は、人生が可能性で膨らむ様子を表しています。

当初の計画を見直してみるのも良いでしょう。おそらく何か微調整が必要です。アイデアを見直して、順調なものと、当初の勢いが消えてしまったものを見極めましょう。あなたがどんな計画を立てているにせよ、勢いを加えましょう。もし、何か別の計画を思いついたらどうしましょうか？　問題ありません。今は、新しい計画を立てるのにも適した時期だからです。

この時期は焦らないことが大事です。古代中国の哲学者である老子はこう言いました。

「人はもう少しで成功するところで失敗する。最初の頃と同じくらいの慎重さを保っていれば、失敗することはなかっただろう」

あなたが忘れてしまった、昔の良い習慣を取り戻してください。新月から2週間ほど経った今は、まだ構築している最中なのです。ですから何かを再開するのはとても良いことです。

満月について

・今後の行方が決定する時期です。

・新月の15日～18日半後に始まります。

・満月のキーワードは、結果、許し、感謝です。

満月は月のサイクルの頂点であり、物事がピークに達したことを示しています。私たちはそれを本能的に知っています。あなたの願い事のうち一つが叶うとすれば、この時点で叶うことが多いです。もしくは、それが叶うと強く確信できるでしょう。叶うまで時間がかかる願い事もあるからです。あなたが抱いていた夢について、今はどのように感じていますか。宇宙に応援されているように感じていますか。何を望んでいるにせよ、いつも最高な状態をイメージしてください。わくわくした気持ちで、あなたに与えられた祝福を数えてください。

感受性の強い人は、この時期に緊張や不安を感じるかもしれません。体は、クライマックスを迎えていることを知っているからです。まだ実現していない夢があれば、もう少し待ちましょう。

この時期は陽の気が強いです。エネルギーが満ちていて、感情が表に出やすいのです。様々なものを手放しましょう。うまくいかないことがあっても祝福しましょう。自分の授かっている恩恵に感謝してください。

過去を振り返って、あなたを傷つけた人や物事について考えてください。非難するためではありません。今は許す時期なのです。許すことであなたはカルマを解放し、苦しい状況から抜け出すことができます。自然は空っぽの状態を嫌うので、空いたスペースには何かが入らないといけません。つまり、月のサイクルの頂点を活用して手放し、前に進むのです。

許しは、私たちが自分自身に与えることができる最高の贈り物の一つでしょう。私たちは許すことで、前に進むことができるからです。過去の4週間、あるいはこれまでの人生で、あなたを傷つけた誰かを許すことは、とても健全な行為なのです。許しには解毒作用があり、あなたが毒を出してすっきりすれば、2週間後の新月の時期に、より多くの夢の種を蒔くことができます。

許すことで苦しい気持ちを手放したら、その空間を感謝の気持ちで埋めましょう。満月の時期には、向き合うべき感情が浮かび上がってきます。人や物事に対するわだかまりを手放すことで、良い感情に焦点を当てることができます。感謝している人や物事のことだけを考えることができるのです。Part 3ではさらに、許しと感謝について学びましょう。

十八夜の月(欠けていく月)

- 深呼吸しましょう。
- 満月の3日半～7日後に始まります。
- この月相のキーワードは、リラックス、受容、再編成です。

満月の激しさが過ぎ去った頃、私たちは不調に陥ることがあります。順調に進んでいない場合は、どうしたらよいのでしょうか。エネルギーをたくさん消費したので、少しリラックスしたいのかもしれません。疲れていたら休んでください。月の満ち欠けに合わせた生き方をすることで、人生の流れがスムーズになります。

今は、何か新しいことを始める時期ではありません。ゆっくり落ち着いて、自分の力を再結集しましょう。あるがままの状態を受け入れれば、心も楽になります。今、休んでおけば後の成功の可能性は高まります。

この時期は、あなたの知恵を人と分かち合いましょう。あなたが学んだことは何ですか。それを人に伝えられますか。過去数週間にわたって、あなたは知恵と経験を身に付けてきました。あなたの学びを人に教えてあげましょう。

月は、欠けていく段階にあります。新月になるまで、月は毎晩小さくなっていくように見えます。それは、人生の現ステージから次のステージに進んでいくのと似ています。満月という扉を通り抜けた私たちは、次のステージに足を踏み入れようとしています。

自分の現状を受け入れましょう。十八夜の月の時期にはリラックスしてください。新月から満月の間の2週間、あなたは努力してきました。ゆっくり休んでください。

下弦の月について

- あなたが知っていることは何ですか。
- 下弦の月は、満月の7日～10日半後に始まります。
- この月のキーワードは、再評価、バランス、信頼です。

下弦の月は、満月と新月の中間に現れます。私たちの思い通りにならなかったことがあっても、心の奥底では納得しています。さて私たちは再び、方向性を決めなくてはなりません。多少疲れを感じているかもしれませんが、立ち止まっていてはいけないのです。この時期には緊張した空気が漂っています。誇り高い太陽と感情的な月が、ハードアスペクト（困難を伴う角度とされる）の位置にあるので、それが影響を及ぼしています。

私たちは何も手放したくないかもしれません。でもそうしなくてはいけないと分かっています。調整が必要です。新しいものを迎え入れましょう。あと1週間くらいで新月となります。下弦の月は、上弦の月と同じように半月の形をしています。今起こっている対立についてはきちんと対処するべきです。この時期は、試練や困難の中にどんなメッセージがあるのか考えてみてください。軌道修正が必要かもしれません。手放すべきものを手放しましょう。

今、人生の岐路に立っている人もいるかもしれません。ここまで自分がどれほど進んできたか振り返ってください。とても頑張ってきたのではないでしょうか。さて、これからどこへ向かいますか。今は決断の時期でもあります。もうすぐ始まる新月のサイクルに、あなたが連れていきたいものと置いていきたいものを決断してください。また、不健全な習慣も捨ててしまいましょう。方向性を見定めるのが大事です。あなたは以前の計画通りに進みますか。それとも新しい計画を立てますか。

鎮静の月（バルサミックムーン）について

・手放しましょう。
・満月の約10日半後に始まり、新月まで続きます。
・鎮静の月のキーワードは、癒し、慰め、降伏です。

鎮静の月の英語名は「バルサミックムーン（Balsamic Moon）」といいます。その名前は、癒す、慰めるという意味の「balsam」からきています。これが月のサイクルの最終段階となります。私たちは希望や夢を抱き、可能性が大きく膨らみました。可能であることと不可能であることを見極め、受け入れ、許し、降伏してきました。そして今は癒しと慰めを得る時間です。

月のサイクルを意識して人生を創っていくのなら、今は自分に優しくしてあげましょう。あなたの夢について再考し、希望を持ってください。どんなことも可能です。深呼吸をして、穏やかな心を保ちましょう。

この時期に一番お勧めなのは、サンスクリット語の言葉、「オーム ナモー ナーラーヤナ（私は神に帰依します）」を唱えることです。天は私たちのために計画を立てています。私たちも皆、神の計画の一部です。ですから受け入れてください。言葉にするだけでなく、心から受け入れてください。

月のサイクルも終盤です。今は手放して前に進む時期です。休息し、癒されることも大事です。大きな夢を描きましょう。自分に微笑みかけましょう。不健全な習慣も手放しましょう。うまくいっていない関係も終わらせましょう。人間関係で波風が立っているのなら、怒りを解放しましょう。

まとめ

●月は宇宙の時計のような働きをして、あなたが理想の人生を歩めるように助けます。

●月と親しくなると、月のサイクルやリズムに合わせた暮らし方ができるようになります。

●月の主な満ち欠けは8つあり、新月と満月はその中でも注目を集めています。

●新月の時期は願い事をして、あなたの意思を宇宙に伝えましょう。

●満月の時期には感情が高ぶりやすくなります。月は感情を司っているからです。

FAQs 月とその満ち欠けについて

月と満ち欠けについて、よく聞かれる質問についてお答えします。

Q 新月と満月にはどのような意味があるのですか？

A 私の個人的な見解ですが、人は新月の頃、少し落ち着かない気分になるようです。今後の状況の変化を予感するのかもしれません。人は概して変化を好まないのです。また、新月の時は月の姿が見えないので本能的に不安になるのでしょう。

大きくて丸い満月は、月のサイクルのクライマックスと言われます。最高潮に達すると、丸く膨らんだように大きく見えます。手放して、先へ進む時期です。その後、月は、徐々に細くなっていき見えなくなります（新月は太陽と一緒に昇り、沈んでいます）。

先ほど述べたように、占星術において月は感情を司ります。ですから、月が大きくなるにつれて私たちの感情も高まり、ピークである満月が現れると、気持ちが不安定になりやすいのです。また、次のことも知っておきましょう。

- 新月は暗くて隠れているので、魔女と関連付けられています。新月が象徴しているのは秘密や神秘です。
- 丸く膨らんだ満月は、ゴージャスな女神と関連付けられています。

Q　いつから人は月に注目するようになったのでしょうか？

A　歴史家によると、古代から季節の変化に対応するために、人は月を見るようになったということです。組織的な農業が発展するにつれて、気温や降雨を予測しようとしたのです。また、潮の満ち引きの時刻や、植物の開花、実をつける時期を予測する必要もありました。つまり、地球で生きていく方法を学ぶ過程の一部だったのです。

初期の人類は、太陽と月のサイクルを利用して計算をし始めました。考古学者によって発見された史跡によると、人間は2万5000年も前から、新月や満月に深い関心を寄せていたのです。

Q　ボイドタイムの月とは何ですか？

A　この質問に答えるためには、最初に基本的な占星術の知識をお伝えする必要があります。占星術では天体の動きを研究するのですが、天体がお互いに向き合うアスペクト（角度）を調べます。意味のある主要なアスペクトを紹介します。

- ・360度のホロスコープ盤の中で、2つの天体が90度の位置にある時は、「スクエア」を形成しています。これはぶつかりあうアスペクトであり、何か問題が起こる可能性を示します。
- ・2つの天体が、60度に位置する場合を「セクスタイル」と呼び、これは、ある程度調和した状態を意味します。
- ・2つの天体が、120度に位置する場合を「トライン」と呼び、これは吉角です。

・2つの天体が、同時刻に同じ場所に位置する場合（0度）を、「コンジャンクション」と呼び、これは吉角にも凶角にもなります。

・2つの天体が、180度に位置する場合は「オポジション」と呼び、緊張感のあるアスペクトです。

上記を踏まえたうえで、ボイドタイムの月には3通りの定義があります。

・黄道の次のサインに移動するまで、どの天体とも意味のあるアスペクトを形成しない月のこと。

・これから動く30度の範囲内で、どの天体とも意味のあるアスペクトを形成しない月のこと。

・10度の範囲内でアスペクトを形成しない月のこと。

1番目の定義が現在最も広く使われていますので、これを覚えておくと良いでしょう。ボイドタイムの月の時期には、何をしようとしても実を結ばないと言われています。ですから、新しいビジネスを始めたり、結婚式を予定したりしない方が良いでしょう。落ち着いて瞑想やヨガをするのがお勧めです。また、あなたの出生ホロスコープチャートにボイドタイムの月がある場合は同じ意味にはなりません。そのテーマはこの本で扱いません。

Q 私の月はどこですか？

A 私たちの出生チャートには必ず月があります。これは大きなテーマであり、この本では説明することができません。個人的な月がどこにあるかについては、私の著書『Astrology』で説明しています。

Q アウト・オブ・バウンズの月とは何ですか？

A 月が大好きな方は、「アウト・オブ・バウンズの月」についても興味があるかもしれません。この月は、赤緯占星術の大家として知られているK.T.ボーラー女史によって、広く知られるようになりました。2004年に彼女は亡くなりましたが、私は彼女に出会えたこと、そして貴重な教えをいただいたことに大変感謝しています。

アウト・オブ・バウンズの月とは、赤緯、北緯のそれぞれ23度26分をとび越えた位置にある月のことを指し、不思議なことが起こると言われています（通常の月は、この範囲内に収まっています）。アウト・オブ・バウンズの月の性質は、自発的で、制約を受けず、進歩的で、自由で、大胆です。他人にどう思われようと気にしません。約10年間、月は全くアウト・オブ・バウンズになりません。その後は、9年か10年周期で、1か月に数回、アウト・オブ・バウンズになります。ちなみに2011年から2020年まで、月はアウト・オブ・バウンズになりません。

Q スタンドスティルの月とは何ですか？

A スタンドスティルの月とは、南北28度まで傾いた状態の月です。前回は2006年に起こりました。次回は2024年から2025年に起こるでしょう。

Q スーパームーンとは何ですか？

A スーパームーンは、地球に最接近する地点である「近地点」にある新月や満月のことです。1年に4〜6回スーパームーンが現れます。スーパームーンがあなたの出生チャートにあるのなら、通常の月よりも大きな影響を及ぼします。

Q ブルームーンとは何ですか？

A 英語には「ブルームーンの時に」という言葉があります。ブルームーンは有名なので、それに触れずに月の本は完成しないでしょう。春分と夏至の間には、通常3回満月が現れますが、4回満月が現れることもあります。4回の満月のうち3回目がブルームーンと呼ばれます。

それが本来のブルームーンの定義でしたが、その後新たに定義され、1か月に2回満月が現れる時の、2回目の満月のことを指すようになりました。これはもっと頻繁に起こります。どちらのブルームーンにも、占星術的な意味はありません。

時々、同じサインの満月が2回続いて現れることがありますが、これはブルームーンと呼ばれません。ただし、まれにしか起こらないので、占星術的な意味が少しはあると思います。この現象は、あなたに何かの行動を促しているのかもしれません。

Q 特定の活動をするのに適した時期はありますか？

A 髪の毛を早く伸ばしたいのでない限り、鎮静の月の時期に髪を切ると良いでしょう。爪や雑草や植物についても同様です。この時期の手術も、出血が少なくて予後が楽でしょう。癒しを促す新月ももうすぐです。

種蒔きをするのは、新月の時が適しています。私はあまり庭仕事に詳しくないので、種蒔きについては、次のサイト（英語版）を参照してください。www.gardeningbythemoon.com

Q 日食と月食について教えてください。

A 新月の食を日食、満月の食を月食と言います。私にとってはとても心惹かれるテーマなので、いつか食についての本を書きたいです。今のところあなたが知っておくべきことは、新月や満月の食が、あなたの出生チャートの特定の分野にあるのなら、通常よりも影響が大きいということです。日食や月食は、その分野における未来への扉を開きます。そこへ飛び込んで行くかどうかは私たち次第です。

宇宙は突然、ギアチェンジをします。私たちに準備ができているかどうかに関わらず、何か出来事が起きて、私たちは正しい道に押し戻されるのです。

昔、人々は日食や月食を恐れました。空が暗くなり、イヌは吠え、当然ながら人々は怯えたのです。何か悪いことが食の日に起きれば、すべてそのせいにしました。それは、「空が突然暗くなる危険な日」だったのです。

現在は食の時期を予測できますから、誰も驚くことはありません。占星術では、食を変化の前兆と見ています。食の意味を次のように考えてみてください。私たちの魂には何らかの使命があり、人生には目的があります。けれども、私たちは魂でなく、エゴの声に従ってしまいがちなのです。

私たちは、人生の出来事（恋愛を含む）に気を取られて、気づけば本来の道を逸れています。そういう時、私たちは人生を辛いものだと感じます。送るべき人生を送らずに、有毒な人間関係や退屈な仕事に浸っているからです。つまり、スムーズな流れに乗っていないのです。

そんな時、食が起こるとどうなるでしょう。私たちは本来あるべき場所に戻るのです。それはシンプルです。問題は、私たちのエゴが想定外の変化を嫌うことです。食の時期の出来事は困難を強いるからです。それでも結果的には最善につながります。食を上手に活用するためには、過去にしがみつかないことが大事です。

Part 2

新月を活用して
理想の人生を創造する

夢を叶えるための鍵は、月を活用することです。
いつでもどこでも強い意志を持って努力すれば、
夢を叶えることができます。
月があなたを後押ししますから、
実現化のワークを始めましょう。

CHAPTER 3

新月を活用して夢を叶える

さて、この本の最も心躍るテーマですが、新月を活用して夢を叶える方法について説明しましょう。これは大変パワフルな実践法なのです。

基本的には、月に一度、私たちの夢や目標を明らかにして、それを紙に書いたり、絵に描いたりします。私はこれを「新月の願い事」と呼んでいます。しかし、この言葉は少しふわふわしていると感じて、「意思決定」と呼びたい人もいます。こちらの方が、大人っぽくビジネスライクに聞こえますね。

私は、「願い」と「意思」とは全く異なると考えていますが、両方とも活用すると大変効果があります。私は翌月のために願い事をして、意思を定めます。新月の約束をするという考え方も好きです。

新月の願い事の呼び名は重要ではないので、好きな名前で呼んでください。大事なことは、あなたが気分よく実践することです。それでも私は、「願い事をする」という言い方が好きです。ですからこの章ではそう呼ぶことにします。

新月を活用する秘訣

願い事をして、意思を定める際に重要なのは、それがあなたの心からの願いであるということです。まるで、その夢がすでに実現したかのように感じないといけません。繰り返します。願い事や意思決定の秘訣は、それがあなたの心からの願いであること、そして、すでに実現したかのように感じることです。

多くの人はこれをよく理解していません。ひたすらアファメーションを唱えたり、ビジョンボードを作成したりしても、心から願わず、すでに叶ったような気持ちになっていないのなら時間の無駄です。これはとても重要です。

願い事を成就させるための秘訣は他にもあります。

・願いが叶うまで、叶ったようなふりをしてください。夢がもう現実になったと、自分に思わせましょう。願いが叶った時の気持ちを想像しましょう。全身で感じてください。

・あなたが心から願っていることについて考えてください。あなたが願っていないことについては考えないでください。これが基本です。

・あなたの願いを紙に書いたり、絵に描いたりしてください。希望していないことは忘れてください。

人間がどれほどパワフルな存在なのかを、私たちは常に意識しているわけではありません。しかし、月とつながり月のサイクルを活用し始めると、私たちの力は驚くほど明白になります。新月の願い事をする際に最も重要なことは、自分の願いを明確にすることです。人生を、そのように創っていくのです。

願いを明確にした後、宇宙の助けを借りてそれを実現するのはずっと簡単です。実際、新月の時に私たちが願い事をしたり、意思を定めたりすることで、私たちは欲しいものを明確にしています。買い物リストを持ってお店に行くように、願い事のリストを書くのは大変役立ちます。

自分が欲しいものが分からない場合は、どうしたらいいのですか？

これは難しいですが、その答えは、「自分の内側に入ってみる」ことでしょう。宇宙、神、女神、あなたのハイヤーセルフ、大天使、ガイドなど誰でも良いので、あなたを助けてくれる存在に導いてもらいましょう。「私は何を望んでいますか？」という質問を繰り返し自分にしてみるのです。日常生活を送りながら、また瞑想の最初や最後に質問しましょう。続けていれば、いつか答えが分かります。浮かんでくるアイデアや、届けられるメッセージに注意してください。独りでは無理だと感じたら、スピリチュアルな教師に出会えるように頼んでください。

新月の願い事の法則

新月の願い事の方法を説明する前に、私が長年かけて発見した法則をお伝えしましょう。これは、私自身と私が教えてきた何千人もの人々を成功に導きました。このアドバイスに従わないと、絶対に願いが叶わないとは言いません。でも、必ずあなた自身と他人にとって「善いこと」を願いましょう。

欲しいものは何でも願ってください。

あなたが欲しければ、何を望んでも良いのです。それが手に入ると信じていれば、本当にあなたのものになるでしょう。

一歩ずつ進みましょう。

あなたの願いはどんなに大きくても構いません。信じることができれば成就するでしょう。ただし大きな目標に向かって、小さな一歩を着実に進みましょう。

私の開催する「新月の願い事と意思決定のワークショップ」では、参加者たちにどんな願い事をしたのかと尋ねます。すると無職の人が、「私は家を持ちたい」「宝くじに当たりたい」といった願い事をしているのです。

「家を持ちたい」という夢については、「最初に仕事を見つけられるように願いましょう。そうすれば家を買うお金を稼ぐことができますよ」と私は言います。

「宝くじに当たりたい」という夢については、「宝くじに当たりたいという願いをしてもいいのですが、あなたの心の奥底では、実現するのか疑っています。実際当たる可能性はかなり低いからです。一方、あなたが仕事を見つける可能性はずっと高いです。仕事を見つけることと、宝くじに当たることと両方願ってください」とアドバイスしました。

同じように、その他の物質的な願い事について考えてみましょう。例えば、あなたは新車のメルセデス・ベンツが欲しいとします。ただし、現在ほとんどお金がありません。そんな状態から、ベンツを所有できるところまで一気にジャンプするのは難しいです。不可能とは言いませんが、かなり困難でしょう。思い出してほしいのですが、新月の願い事をする秘訣は、自分が欲しいものが得られると信じて、そのために努力する意思があることです。つまり、それはあなたにとって十分手が届く範囲のものです。ですからこの場合、願いを小さなステップに分解してみると良いでしょう。

現在ほとんどお金がない→努力して自転車を所有する→安価な中古車を所有する→中古のベンツを所有する→新車のベンツを所有する、といった具合です。

私が言いたいのは、その特定の夢を叶えるのには時間がかかるということです。新月が何回か過ぎていくでしょう。お金のない状態から新車のベンツを所有するまでの過程には、様々なことをしなくてはならないでしょう。それを一気に飛び越すことはできないのです。意思を明確にして願い事をすれば、創造は開始されます。それは魔法なのです。しかし、私たちに驚くべき才能があるのでない限り、物理の法則を無視するわけにはいきません。そして、私たち自身が実現は難しいと思うなら、その思いにも制限されます。

新月の願い事が実現しかけている時には、そのものではなくても近いことが起こります。前兆を無視しないでください。例えば、ベンツを所有したいと願ったら、次の日にはポストにベンツのカタログが入っているかもしれません。そう、それが前兆です。あなたの夢に一歩近づいたことを示しているのです。あるいは、友人が、「ベンツを留守の間見ていてくれ」とあなたに頼んできたりします。そうやって、あなたは夢へ近づいているのです。忍耐と信念がこの過程には一番必要です。

「嬉しい感情」を願ってください。

ところで、あなたはそもそもベンツを願うべきなのでしょうか。

自動車であれ、別荘であれ、そういった「物」を望むことは、欲に惑わされた勘違いで、あなたの実現力の無駄遣いであることが多いのです。どんな大金持ちも、物を所有することが直接幸せをもたらすわけではないと言うでしょう。もちろん、最新モデルの50インチテレビを買ったら、2、3日の間は楽しいかもしれません。しかしその後は、文字通り家具の一つとなるでしょう。

ですから長期的な視点で言えば、物を所有することで私たちは幸せにならないのです。異論を唱える人もいるかもしれません。例えば、あなたは家にいることが好きで、最愛の家族や恋人、子どもたちや飼い猫と一緒に、金曜の夜ソファに座ってテレビを見ることが何よりの幸せとしましょう。この場合は、大きなスクリーンのテレビを望んでも良いのでしょうか。

物を所有することで幸せになるわけではないと理解している限り、どんなことでも願ってください。批判する人など無視していいのです。しかし大型テレビを欲していても、本当に私たちが欲しいのは、そのテレビを見ている時に感じる幸せな気持ちでしょう。そのテレビを手に入れるための努力が報われた満足感や、家族と共にいられる幸福感なのかもしれません。

あなたが自分をもっと肯定したい、自尊心を高めたい、家族ともっと幸せな時間を過ごしたいといった願いを持っているのなら、物ではなく、その時の感情を願うべきなのです。

あなたは新月の願い事を見返しながら、少し自己分析をしてみても良いでしょう。何かを望むあなたの動機は何ですか。あなたが追い求めているのは感情ですか。それとも何か隙間を埋めたいのでしょうか。理想的には、あなたの願いは生きる喜びを与えてくれるものであるべきです。つまり、あなたをもっと幸せにしてくれるものです。

要約するとこうなります。家族や友人を楽しませるために豪華な家を望んでも良いのでしょうか？　はい、もちろんです。本当にあなたが家を欲しくて、考えるだけで心が躍るならそうしてください。

しかしあなたの動機が、他の人が持っているからとか、嫉妬を感じるからというのならよろしくありません。まず、嫉妬は不健全な感情です。嫉妬は、感謝と相反していますが、夢の実現には感謝が不可欠だからです。何かを求める時に一番大事なことは、あなたがすでに持っているものに感謝することです。それについては後ほど詳しく説明します。

特定の人を望まないでください。

他人のパートナーを欲しがっても良いのでしょうか？　例えば、誰かの恋人や配偶者を望んでも良いですか？　いいえ、それは駄目です。

では、その人がシングルなら良いのですか？

その人にあなたのことを気づいてほしいと願うことはできます。しかし結局、人間には自由意志があるので、新月の願い事で誰かを望んでも駄目なのです。その人が自ら望まないといけません。

可能性のありそうな展開があるとすれば、こんな感じです。あなたは願い事にたっぷりエネルギーを注ぎ、お目当ての人と偶然ぶつかったりして、デートに誘うことに成功しました。ただし、「イエス」と言ってもらえるかは相手次第です。私の言っている意味が分かりますか。

あなたは、レオナルド・ディカプリオ、ジャスティン・ビーバー、ジェニファー・ローレンスとお付き合いしたいのですか？　もちろんそう願うことはできます。ただし、あなたはそれが実現可能だと心から信じることができますか？

彼らとの接点があるなら良いでしょう。そうでなければ、その願い事は時間の無駄になりそうです。

誰かが変化することを望まないでください。

残念なことに、誰かをカエルから、王子や王女に変身させることはできません。実現化に取り組む前に、これを理解してください。魅力的な不良少年を、ボーイスカウトタイプの良い子に変えることはできません。不良少女も同じです。その子たちが自ら変わりたいと思わない限り効果はないのです。新月の願い事は、他人の自由意志に介入することはできません。

あなたがパートナーに虐待されている場合も、これは当てはまります。あなたのパートナーに変わってほしいと望むよりも、あなたがその人から離れる勇気を望んでください。肝心なのは、他人を変えることはできないということです。私たちはそれを忘れてしまいがちですが、当然のことです。

あなたは自分のことを、その願いが叶うにふさわしいと信じていますか？

毎月の新月の願い事を始めたら定期的に、「自分は願っているものにふさわしい人間なのか」と考えましょう。悲しいことに、両親に否定され続けて育った人があまりにも多いのです。そういう人が大人になると、自分には何の価値もないと思ってしまいます。
自分に次の質問をしてください。

- 「自分は、素晴らしい友情や恋愛関係を持つのにふさわしいと信じていますか？」
- 「お金は汚いものだと思っていますか？」
（もし答えがイエスなら、あなたはお金を引き寄せられないでしょう）

あなたは願望と意思の法則を活用していますか？

あなたが新月の願い事をする時は、ニューエイジの指導者であるディーパック・チョプラが提唱した「願望と意思の法則」を適用しているのです。未来は今、創られています。

占星術に異論を唱える人はいるでしょうが、彼らでさえチョプラの唱えた概念には同意するでしょう。新月は月に一度やってきて、私たちの願いと意思を確認するように促す時計のようなものです。

瞑想しましょう

新月の願い事を始めると、瞑想がプロセスの重要な最終ステップであることをあなたは理解するでしょう。最初に、なぜ瞑想がそれほど重要なのか説明したいと思います。理由はシンプルです。新月の願い事をする時、私たちは創造しています。私たちが欲しいものを明確にして、それを表現することが大きなパワーを発揮するのです。

自分のことをラジオだと考えてください。あなたの願い事は、あなたから発せられる電波のようなものです。願うことで宇宙に欲しいものを知らせているのです。もちろん、宇宙は常にあなたの味方です！　そして願い事をした後に瞑想をすると、そのシグナルはよりクリアになります。瞑想は不安を減らすので、あなたは幸せな気持ちになります。脳を前向きに再構築することすらできるのです。

2011年、マサチューセッツ総合病院のハーバード大学提携チームによって行われた研究によると、瞑想をすることで、脳の形状が実際に変化することが発見されました。8週間にわたり、研究の参加者たちは平均で毎日27分間の瞑想をしました。研究の最後に参加者の脳のMRI画像を見ると、瞑想後に海馬の灰白質密度が増加したのです。海馬とは脳の一器官で、学習、記憶、自己認識、共感、自己反省に関連する部分です。

参加者たちはまた、ストレスの減少を報告しました。それも扁桃体（脳の器官）の灰白質密度の減少と相関していました。扁桃体は、不安やストレスの調整に重要な役割を果たす部分です。

しかし、それが新月の願い事とどのような関係があるのでしょうか。私たちがリラックスして、ストレスがない状態であればあるほど、実現化が促進されるのです。ただ、月に1回願い事をして、その後は混沌とした生活を送っていては駄目なのです。この話を聞いてあなたは驚いたでしょうか。きっと心の奥深くで、この情報を知りたかったのではないでしょうか。

調和の取れた生活をすること、つまり他人と気持ちよく共存することは、あなたが夢見る人生を引き寄せます。あなたのハイヤーセルフを見出すと、素晴らしいことが次々と起こり始めます。なぜなら、あなたは瞑想中と同じ状態になっているからです。

あなたのハイヤーセルフは、多少なりともまだ天国とつながっています。人間は多次元の存在だという説を聞いたことがありますか。3次元の世界に住む私たちはハイヤーセルフとつながっていて、ハイヤーセルフはさらに高次元に存在しています。私たちのハイヤーセルフとのつながりが強まれば、物質世界でも、願いはもっと簡単に実現するのです。

そうは言っても、瞑想しないと新月の願いは絶対に叶わないのでしょうか。うまくは行くでしょうが、実現化のプロセスをそれほど楽しめないかもしれません。瞑想をすることで、あなたは本当に欲しいものを見極めることができます。

瞑想をするために　～9つの簡単なステップ～

下記は、瞑想が初めての人に向けたガイドです。新月の願い事の過程に取り入れてください。瞑想の誘導をしてほしい場合は、私のサイトをご覧ください。無料でオーディオガイド（英語版）が入手できます。

www.moonologybook.com/meditation

YouTubeで瞑想の動画を探してみたり、瞑想をしている友達に質問したりしても良いでしょう。今では瞑想の方法も数多くあり、指導してくれるインストラクターもたくさんいますが、本質的には大変シンプルで、夢の実現を助けてくれます。

1日に1回か2回、毎回15分間、次のように瞑想してください。

①電話機の電源を切り、どこか快適で静かな場所を見つけて座りましょう。

②目を閉じて、自分の呼吸に意識を向けましょう。

③部屋の中で聞こえる音に耳をすませ、再び呼吸に集中します。

④部屋の外で聞こえる音に耳をすませ、再び呼吸に集中します。

⑤脳裏に浮かんでくる考えを意識します。再び呼吸に集中します。

⑥マントラ*を思い浮かべ、心の中あるいは声に出して唱えます。

⑦15分間、①～⑥のステップを実行したら、あなたが感謝している人や物事について考えましょう。

⑧自分は何が欲しいのか考えてみましょう。どんなことが頭に浮かんできましたか？

⑨目を開けて、両手をこすり合わせ、顔や心臓の上に置きます。

＊マントラとは、瞑想中、心の中で、あるいは声に出して唱える言葉です。インターネットで探したり、瞑想の指導者に教えてもらったりもできます。「オーム」という言葉がその中でも一番有名です。

願い事への執着を手放す

新月の願い事をする際に知っておきたいことがもう一つあります。欲しいものを明確にすることは重要です。しかし矛盾するようですが、自分の夢にあまり執着するべきではないのです。宇宙は、あなたの考えよりもずっと良い考えを持っているかもしれません。

例えば、あなたはXを切実に望んでいたとします。でも結果としてYを得ました。そして意外にも、YはXよりも良くて、実はそれが最善だったのです。宇宙があなたより良いアイデアを持っている場合、そういうことが起こります。願い事をしたら、一旦執着を手放してください。次のように言いましょう。

「この願いが、皆にとって善いことなら叶えてください」

このようにして、宇宙にあなたの願いを伝えてください。

私は、新月の願い事の後に、「オーム ナモー ナーラーヤナ」という言葉を唱えます。これはサンスクリット語の言葉ですが、世界で一番古い、大天使たちの言語と言われています。これは、「私は神に帰依します」あるいは「私は聖なる母に委ねます」という意味です。結局、母親が一番あなたのことを分かっているのですから。

あなたは、願い事をしている時、瞑想中、瞑想後に「オーム ナモーナーラーヤナ」を唱えても良いですし、言葉にしたり、心で思ったりしても良いです。この言葉を新月の願い事に付け加えても良いでしょう。私のお気に入りは、「この願いか、もっと良いことが叶いますように」という言葉です。私たちが何かを望み、それに対する執着を手放すと、願いは宇宙に届きます。あなたの願いが実現するか、もっと良いことが起こるのです。

執着を手放すことは、新月の時だけにするのではありません。毎日そうしてください。私たちが物や人に執着していなければ、人生はスムーズに流れます。執着心がエネルギー的な錨となり、私たちは行き詰まってしまうのです。執着を手放すことで錨が解かれます。

また、何かに必死になり過ぎると、かえってそれを遠ざけてしまいます。何かを切望することで、まだ持っていないという事実を肯定し続けてしまうのです。するとなかなか手に入りません。ここでは引き寄せの法則がネガティブに働いています。

私たちは新月の願い事をしながら、もう一方で願いを放棄しているのです。私たちは確かに自分の現実を創っています。この物質世界で私たちの課題の一つが創造することです。ただし、それを超える高次の力が私たちを導いています。ハイヤーセルフ、創造主、宇宙、源、神とその呼び名は色々でしょう。

私たちが願い事を明確に宇宙に伝え、望んだ通りに実現すると信じている限り、起こったことは何であっても、私たちのためになっているのです。

宇宙は不思議な動きをするので、すべてのケースを網羅するのは困難です。ですから、聖なる母に向かって、「オーム ナモー ナーラーヤナ」と唱えます。それはある意味、責任を放棄して委ねることです。委ねるとは、最善が起こると信頼することです。

新月の願い事の方法

毎月の新月の後なるべく早く（できたら8時間以内ですが、3日以内なら大丈夫です）、次の手順を踏んでください。新月の時期を知りたい方は、私のウェブサイトをご覧ください。

www.moonologybook.com/moontimes

下記のサイトも素晴らしいので、是非ご覧ください。

www.timeanddate.com/moon/phases

新月の願い事　ステップ・バイ・ステップ

①今あなたに与えられている祝福に感謝しましょう。あなたが過去数か月に、喜びを感じた物事や感謝した人々について、5個から10個書き留めます。リストに挙げた人たちに愛を送りましょう。

②心地良いスピリチュアルな音楽をかけます。（262ページのお勧めリストを見てください）。キャンドルを灯したり、お香を焚いたりしましょう。浄化を促す深呼吸をします。心を落ち着かせて集中してください。

③これから4週間に叶えたい10個の願いを決めましょう。具体的

なものでも、漠然としたものでも良いです。また、願いの実現のために、どんな努力をするか決めましょう。

私のウェブサイトには、願い事のリストを書くワークシートがありますので、ダウンロードしてください。願い事のプロセスを説明する音声ガイド（英語版）もあります。

www.moonologybook.com/NMworksheet

④10個の願いを紙に書き留めたり、落書きしたり、絵を描いたりしてください。普通の青や黒のペンでも、カラフルなペンや鉛筆を使っても良いです。気持ちを込めれば込めるほど、良い結果が期待できるでしょう。

⑤次に、一つずつあなたの願いを読んでみてください。そして必ず、願いが実現した様子を想像してください。ありありとイメージするのです。そしてその時のあなたの感情を想像してください。その感情をよく覚えておきましょう。それが魔法を起こす力です。あなたの喜びを想像しましょう。実現している様子を見てください。本当に見るのです。喜びをあなたの体で感じてください。願いが叶ったらどんな気持ちになるか感じてください。あなたはどんな気分ですか。

⑥あなたの願いを後押しするアファメーションを考えてください。それも書き留めましょう。恋愛をしたいのなら、「私は恋をしています」と書きます。仕事を変えたいのなら、「私は新しい仕事が大好きです」と書きます。アファメーションを書くための時間を取ってください。

⑦あなたのリストにあるそれぞれの願いを見て、100のうちどれくらい現実となる可能性があるか予想してみましょう。自分に

正直になってください。それぞれの夢や願いにあなたが予測する可能性は、現実となる可能性に近いのです。あなたが60とつけたら、それは60パーセントの確率で実現します。50未満の願いであったら、もっと信じるようにしなくてはなりません。

⑧順番にそれぞれの願い事を見ていきます。どのようにそれを実現させるか考えてください。例えば、新しい仕事を見つけたいのなら、求人募集がないか周囲の人々に聞いて回り、求人広告を見てください。パートナーが欲しいのなら、友達に紹介を頼んだり、インターネットのマッチングサイトに参加したりしましょう。それぞれの願い事をどのように成就させるかを書き留めましょう。

⑨最後に、15分間の瞑想をします。あなたの夢を宇宙に解き放ちましょう。52ページの瞑想ガイドを使用しても良いですし、無料の瞑想オーディオもあります。

⑩あなたの願いに対する執着を解放することで、瞑想を終了します。「皆の幸せのために」、そして「オーム ナモー ナーラーヤナ」と3回唱えましょう。または、「これか、もっと良いことが完璧な形で起こりますように」と言います。明るい気持ちで自信を持って言いましょう。それが本当に起こっているかのように感じてください。少なくともそれを強く望んでください。

⑪あなたは宇宙に願いを表明したので、安心して過ごしましょう。夢の実現のために、できることはすべてしてください。

⑫次の新月の時期には、前月の願い事リストを読み返してください。どれが実現したでしょうか。そして宇宙に感謝しましょう。全く実現に近づいていない願い事が一つか二つあるのなら、修

正することも考えてください。願い事リストのうちどれが、実現に近づきましたか。

まとめ

新月の願い事についてのまとめです。

- 10個の願い事のリストを書きます。
- 願いが実現した様子を思い浮かべ、体で感じます。それを後押しするようなアファメーションも加えましょう。
- それぞれの願い事を叶えるために、あなたが努力できることを書きます。
- 瞑想して、あなたの願い事への執着を解放します。すべての最善を願って、「オーム ナモー ナーラーヤナ」と唱えます。

集中しましょう

あなたの欲しいものは何ですか。少なくとも68秒間集中して、イメージをしましょう。毎日これを1回か2回することで、創造が始まります。そのために効果的なのはアファメーションを書くことです。小学生の頃、同じ文章を何度も練習して書いたように、何十回も書きましょう。

私がこの方法を使って成功した経験をお話ししましょう。以前、私はある国を訪れようとしていましたが、自然災害によって予定のフライトがキャンセルとなりました。しかし、その分の返金はできないと言われたので、次の文章を繰り返し書きました。

「飛行機代とホテル代が全額返還されて、私はとても嬉しいです」

そしてどうなったでしょうか。本当に全額返金されたのです！

同じことを、あなたも新月のアファメーションで試してください。文章を書いていると、大事な68秒間の集中が途切れません。書きながら、自分が友達に良いニュースを伝えているのだと想像してください。

新月の願い事の例

以下の例は、「願い事をする」→「イメージする」→「アファメーションを唱える」→「約束する」という実現化のステップへのヒントです。「私は〜です」と言い切る文章は、強力なアファメーションとなります。なるべく、「私は〜です」という言葉を使ってください。

例1　新しい車が欲しい。

願い事をする

・新しい車が欲しいのなら詳しい情報を加えてください。その車のブランド、色、馬力、マニュアルなのかオートマチックなのかといった情報です。

イメージする

・自分が新しい車を運転している様子をイメージしてください。車の窓を開けて、ラジオを聞いている自分の姿など、わくわくすることを考えましょう。

・子どもを乗せるための車が欲しいのなら、子どもたちが後部座席に、嬉しそうに座っている姿をイメージします。

・気分の良くなるようなこと、例えば、新車で誰かを空港まで乗せていってあげたり、店にいる友達を拾ってあげたりしている様子をイメージします。

アファメーション

・「私は、自分の素晴らしい新車を愛しています」

・「私は、素敵な新車を運転しています」

・「私は、完璧な車を見つけました」

あなたの約束

・誰か車を売りたい人がいないか聞いてみます。

・インターネットで車の広告を見てみます。

・毎週少しずつお金を貯めて、新車購入に付随するお金（保険料など）が払えるようにします。

あなたの望みが叶ったように、実感することが必須です。手順が分かりましたか？

他の例を挙げましょう。

例2　あなたは独身で、今の状態に満足していません。

願い事をする

・新しい恋人やパートナーを見つけたい。

・もっと多くの愛の選択肢を持ちたい。

・未来の夫や妻を探したい。

イメージする

・大好きな人とデートに出かける様子をイメージします。あなたはどんな気持ちですか？

・結婚したいのなら、愛する人とバージンロードを歩いている自分の姿をイメージします。

・自分の感情を想像しましょう。喜びと愛を味わいましょう。

アファメーション

・「私は、パートナーを見つけることができてとても嬉しいです」

・「私は、パートナーが大好きです」

・「私は、完璧なパートナーと一緒にいます」

あなたの約束

・自分に自信が持てるように、体のケアをします。

・出会いのチャンスを高めるために、外に出たり、インターネットのサイトに参加したりします。

・新しい恋人の腕の中にいて幸せな様子を、毎日数分間イメージします。

例3　体重を減らしたい。

願い事をする

・私は〜キロ減らしたい。

・サイズ10のドレスが着られるようになりたい。

・最高の体調でいたい。

イメージする

・理想のサイズのドレスを着ている自分をイメージします。

・大好きなドレスを着て、友達と出かけている様子をイメージします。

・あなたはどんな気分ですか。自分の体を軽く、機敏に感じますか？

アファメーション

・「私は、〜キロ痩せてとても嬉しいです」

・「私は、自分の新しいスタイルが大好きです」

・「私は、完璧なサイズになりました」

あなたの約束

・少なくとも毎日20分間運動をします。

・食事の量を減らします。

・もっとヘルシーな食べ物を口にします。

例4　仕事で成功したい。

願い事をする

・キャリアの足掛かりとなる素晴らしいインターンシップを見つけたい。

・素晴らしい仕事を見つけたい。

・自分の会社を持ちたい。

イメージする

・仕事の面接で、自信を持って受け答えをする自分の姿。

・憧れの会社の正面玄関を入っていく自分の姿。

・理想の仕事をしている姿。

・あなたはどんな気分ですか。喜びと情熱を味わいましょう。

アファメーション

・「私は、理想の仕事を見つけてとても嬉しいです！」

・「私は、新しい仕事を愛しています」

・「私は、新しい仕事に能力を発揮しています」

あなたの約束

・興味を引く求人募集がないか探してみます。

・履歴書を最新版に書き直し、洋服も新調します。面接で良い印象を持ってもらうためです。

・応募する会社について下調べをします。

・憧れの会社で働いている自分の姿を、毎日数分間イメージします。

いずれにせよ、「マインド・ボディ・スピリット」という概念が鍵です。

・頭の中で考えてください。

・体で感じてください。

・魂で味わってください。

FAQs 新月の願い事について

よくある質問に答えながら、新月の願い事のプロセスについてもう少し詳しく説明しましょう。

Q 願い事リストはその後どうするべきですか？

A お好きなようにしてください。リストを書いたら、それを焼いてしまうべきだと言う人もいます。この考え方はドラマチックなので、私は結構好きです。それに、リストを燃やしてしまうことで、そのエネルギーを空中に放出して実現化が始まるからです。もちろん願い事にはエネルギーが入っていますから、エネルギー的に見れば、この方法は理にかなっています。

新月の願い事を燃やすのは、執着を手放すためにも良い方法でしょう。燃やす時はキッチンのシンクでしてください。火事にならないように！

リストを破る人もいます。それも、願い事について忘れてしまうので良いでしょう。

私は、小さなノートに願い事を書くことにしています。自分がどんな願い事をしたか、記録しておきたいのです。何週間、何か月、何年か後に願い事を見返して、いくつ叶ったか確かめる気分は格別です。

Q 誰か他の人のために願い事をすることができますか？

A はい、できます。しかし二つのことを心に留めておかないといけません。

一つ目に、なぜ、あなたは自分自身のために願い事をしないのでしょうか？　あなたの人生には本当に、創りたいものや、改善したいことがありませんか。あなたは、自分が願い事に値しないと思っているのでしょうか。その質問を自分にしてください。他人のことを真剣に考えてあげるのは素敵です。しかし、自分自身を尊重することも大切です。

二つ目に、私たちは誰かのために願い事をすることはできますが、その人はそれを望んでいますか？　望んでいないなら、私たちは何もできません。人を変えようとしても無理です。もちろん、あなたと相手が同じ願望を抱くのなら、実現の力は拡大します。

Q 願望が実現しなかったらどうすれば良いのですか？

A あなたが何かを心から望んでも、願望はいっこうに実現せず、正しい方向に進んでいるようにも思えないのなら、それを願うべきなのか考えてみる必要があります。

私はある男性読者からメールを受け取りました。彼には1年以上、恋い焦がれている女性がいます。でも彼女は全く彼に興味を示しません。この場合は願いを考え直す必要がありました。

叶う運命にない願いもあります。ですから私は願い事をした後に、「皆の幸せのために」、あるいは「オーム ナモー ナーラーヤナ」と唱えるのです。宇宙が私たちの幸せを考えていることを信頼するのです。私は以前、とても魅力的な仕事に応募したことがあります。それは雑誌の仕事で報酬も良かったのです。並行して、私はだいぶ報酬が下がるオンラインの仕事にも応募していました。私は「オーム ナモー ナーラーヤナ」と唱えて天に委ねました。結果としては、オンラインの仕事を得ることができました。もう一つの雑誌は、その後まもなく廃刊になってしまったのです。オンラインの仕事は今もずっと続いています。

Q 私は「〜を欲しいです」とか「〜を望みます」と願い事リストに書くべきですか？

A あなたが正しいと思うなら、どんな文章で願ってもよいのです。絶対に守らなくてはならない規則はありません。最も重要なのは、あなたの望みを明確にすることです。そうすればもう仕事は半分終わったようなものです。その後大事なのは、願い事を書き、実現した様子をイメージして、1か月後にどれくらい進展したのか確認することです。

Q 他の人と一緒に願い事をすることは可能ですか？

A もちろんできます！　グループのエネルギーが実現化を促進するのでとても素晴らしいと思います。私は、新月の願い事のイベントを、新月の夜に催すことがあります。イベントについての詳細は、私のサイトでご覧ください。www.moonology.com

新月の願い事をするパーティーを開くのも良いでしょう。新月の夜に友人を招いて軽食をふるまい、前述のステップに従ってください。願い事のリストを素敵に演出するために、カラフルなペンや鉛筆を使ってみましょう。新月が現れるのは、朝、昼間、夜と様々ですが、その後できるだけ早く行うのがベストです。

Q　私の個人的なホロスコープは、私の願い事に影響しますか？

A　はい。あなたのホロスコープが実現化に影響を及ぼすことについて、まだ触れていませんでした。あなたが占星術を学んでいるのなら、個人的なホロスコープと、現在進行中のホロスコープは、もちろん実現化に影響を及ぼすことも知っておいてください。

例えば、ホロスコープ上で太陽と土星が困難を示すアスペクトにある人は、自分の夢を実現する能力に疑いを持つかもしれません。土星は否定と自信喪失をもたらすことがあるからです。しかし、土星には、末永く続く本物を築く力があります。それを心に留めておいてください。あなたの出生チャートと現在の星の進行表にある状況を好転させるように頑張りましょう。

Q　私が北半球か南半球にいるかは関係ありますか？

A　いいえ。あなたの居場所によって月は異なって見えるでしょうが、新月は新月です。実現化を助けてくれることに変わりはありません。

CHAPTER 4

新月と共に人生を計画する

あなたは新月の時期に願い事をする方法を学びました。きっとあなたの人生に大きな影響を及ぼすでしょう。でも、この時期には他にもするべきことがあるのです。そうすることで、宇宙の流れにもっと溶け込むことができるでしょう。さあ、宇宙のエネルギーとワークしてみましょう。

新月に個性を加える12のサイン

新月は、黄道帯の12サインを移動します。その結果、新月は滞在中のサインの性質を帯びてきます。例えば、双子座はおしゃべりなサインなので、双子座に月がある時は社交的な雰囲気が漂います。双子座の新月の時期には言葉に気をつけ、相手の言葉に耳を傾け、きちんと意思を伝えるように努めましょう。

一方、乙女座に新月がある時は、整然とした雰囲気になります。乙女座はきちんとしているのが好きだからです。整理整頓するのに良い時期です。

山羊座に新月がある時は、あなたのキャリアと野心を見直すのに良い時期です。山羊座は非常に野心的なサインです。

新月がそれぞれのサインにある時、どのような性質を帯びるかについて説明します。大事なのは、それぞれの新月のエネルギーを上手に活用することです。エネルギーを意識すると、宇宙に波長を合わせることができます。

新月が移動する12のサイン

太陽と月が黄道の同時刻に、同角度の位置にある時、新月となります。太陽が一つの星座を移動するのに1か月かかります。ですから、12サインすべてを移動するのに12か月かかります。それに比べて月は早く移動するので、一つの星座に2日と少ししか滞在しません。12サインすべてを回るのも、1か月しかかかりません。

つまり、1か月に一度、月は太陽に追いつくので新月となるのです。例えば、あなたの蟹座の友達が誕生日を祝っている時、太陽は蟹座にあります。そして蟹座の新月が起こります。同じことが、12のサイン全部に当てはまります。

月がどの星座にあるかを調べるために、本格的な占星術の知識はいりません。

私のサイトwww.moonologybook.com/moondates

またはwww.timeanddate.com/moon/phasesをチェックしてください。

各サインに滞在する新月の手引き

新月がそれぞれのサインに入る時、私たちがするべきことを5つ挙げます。新月を活用して計画を立てると、私たちは人生の大きな流れにいることが実感できるでしょう。このアドバイスは、個人のホロスコープに関わらず全員に当てはまります。これは月のサイクルだからです。新月が特定のサインに滞在中は、そのサイン固有の性質を帯びますが、それは私たちのサインやアセンダント(上昇宮)とは関係ありません。

12の新月とつながることで、人生のほぼすべての場面で魔法が使えるようになります。新月と引き寄せの法則とあなたの意思は、最高のタッグを組むのです。

これから挙げる新月の知識は、日食（新月の食）にも適用することができます。例えば、新月が牡羊座にあれば、1年の中でも、勇気という課題に取り組むのに適した時期です。臆病にならず、勇敢でいるように頑張りましょう。

さらに、日食が同じく牡羊座で起こったら、そのテーマに取り組む絶好の時期だという意味です。食は新月のパワーがさらに強められた状態だからです。食については、あなたのチャートにあるサインとハウスとの関連性も見ると良いですが、それについては後ほど説明します。

＊注意：次ページからの新月の時期は推定です。毎年、日付は少しずつ変わるからです。

牡羊座の新月（または日食）
（3月下旬から4月下旬）

①行動しましょう。

新月は、牡羊座からスタートします。牡羊座は12宮の最初のサインだからです。夢見ているだけの時期は終わり、行動を起こす時期が来ました。新月の願い事をするあなたは真っさらな状態です。まだ新月の願い事をしていない方は、すぐに始めてください。

②今後12か月の計画を立てましょう。

今後12か月の計画を立ててみましょう。もしあなたに特定のパートナーがいるのなら、自分のための計画と、二人のための計画を立てましょう。仕事の計画を立てるのも良いです。牡羊座のエネルギーは衝動的なので、計画を立てるのには向いていないと思うかもしれませんが、少し自制すれば何でも可能です。情熱的な牡羊座のエネルギーは、あなたの意欲を高め、決意を固めてくれます。

③勇気を出してください

あなたはこれまで臆病で、困難に向かうことに勇気が必要でしたか？　それなら勇気が欲しいと願ってください。牡羊座は勇敢な火星と関わっていて、牡羊座の新月は火星の影響を受けています。もっと大胆になってください。牡羊座は、何にでもぶつかっていくほど向こう見ずではありません。あなたがこの激しさを活用したいのなら、今がチャンスです。

④楽しみましょう！

あなたは楽しいことをしていますか。突然の思いつきで何かをしてみることがありますか。もし答えが「いいえ」なら、これから数週間は、楽しむ時間を確保してください。牡羊座は12サインの中では子どもに当たります。あなたのインナーチャイルドとつながりましょう。

⑤自分に集中してください。

あなた自身のこと、あなたが必要なことや目的について考える時期です。あなたのワードローブやウェブサイトを年に1回見直すなら、今そうしましょう。牡羊座は、「開始する」という性質を持っています。12宮の子どもであることもその理由です。活力に満ちて、出走ゲートから飛び出す準備をしている状態です。ペースが速過ぎないかと心配しないでください。さあ、位置につきましょう！

♉ 牡牛座の新月（または日食）
（4月下旬から5月下旬）

①経済計画を立てましょう。

牡牛座の新月の時期には、あなたの経済状況をよく見直してください。現金、資産、所有物のすべてに注目しましょう。お金は汚いものではありません。自分の現状について考え、年末までの目標を考えましょう。あなたは、もう少し貯金を増やせませんか。

②自分を愛してください。

自分の価値を認めてください。あなたの長所は何ですか。あなたが価値を置くものは何ですか。あなたが自分自身を尊重しないのなら、他人もあなたを尊重しないでしょう。あなたが高く評価する自分の資質を5つ挙げてください。あなたは、その5つを強調していますか。もしそうでなければこれからどうしますか。何もしないのはいけません。

③官能的になってください。

リラックスしましょう。牡牛座は、突然活発に動き出すこともありますが、基本的には、草原で暖かな太陽を背中に浴びて、草を反芻している牛のようなエネルギーを持っているのです。自分の生活を見渡してください。どんなことがあなたの人生を改善してくれそうですか。ペットを飼って生活に安らぎを与えてもらうのもよいかもしれません。

牡牛座の新月の時期には、官能的なムードがあります。あなたの体を心地良く刺激するようなことをしてください。マッサージを受けましょう。おいしいものを食べましょう。ゆっくり眠りましょう。牡牛座にとっては、自分の体を気持ちよく感じることがとても大切です。味覚、触感、嗅覚など、体の喜びや感覚を大切にしましょう。

④自分の性格をチェックしましょう。

あなたは頑固過ぎたり、怠惰過ぎたりしていませんか。この質問を、必ず年に1回は自分にしてください。牡牛座は頑固で怠惰になりがちだからです。あるいは、もっと休息が必要な場合もあります。その時は③を実践してください。

⑤忍耐しましょう。

牡牛座のエネルギーは多少怠惰になることもありますが、忍耐強く現実的な面も持っています。私たちは皆ホロスコープに牡牛座があります。今どんなことに取り組んでいても、少しペースを緩めましょう。ゆっくりと着実にゴールに向かって進みましょう。忍耐は今月の主要なテーマです。人々の信頼を得てください。

双子座の新月（または日食）

（5月下旬から6月下旬）

①コミュニケーションを取ってください。

あなたにとって大切な人々と、十分なコミュニケーションが取れていますか。双子座は、このテーマに最も関心を持っていますので、よく考えてみましょう。あなたは、自分の気持ちを正直に伝えていますか。愚痴を言うばかりで、どうして自分の願いが叶わないのだろうと思っていませんか。

②瞑想しましょう。

あなたの心の状態について考えてください。多くの人たちのように、脳が常にフル回転をしていると感じるなら、願い事の一つに「心の休憩が欲しい」と入れましょう。前に説明したように、瞑想は脳を休ませる最高の方法です。非常に忙しい日であっても、瞑想の時間は作れます。

③社交的になってください。

あなたの社交面についてはいかがですか？　双子座には少し浮ついたところがあり、そこが魅力でもあります。そして、私たちは皆、チャートに双子座を持っています。例えば、あなたがパーティーに招かれた時、道で母親仲間に遭遇してしまった時、仕事上で社交が必要な時、あなたはどんな行動を取っていますか。気楽なおしゃべりをできるようになりましょう！　本当です。そういうことがあまり得意でないのなら、少し努力するだけで人生はずっと楽になります。

④きょうだいに会いましょう。

あなたの兄弟姉妹、または隣人と集まりましょう。形だけの付き合いのように聞こえるかもしれませんが、年に一度会うだけなら、月が双子座にある時に会えば、今後も交流は続くでしょう。きょうだいと良い関係でないのなら、今が、改善するのに絶好のタイミングです。問題解決の最初の一歩として、こちらから話しかけたり、手紙を書いたりしてみましょう。

⑤読書をしましょう。

双子座は、読書と深く関わりがあります。あなたは何に興味がありますか。インターネットやテレビを漠然と眺めているだけでも、時間は過ぎてしまいます。少なくとも1年に1回、双子座の新月の時期に読書リストを作成しましょう。本を買ったら、目につくところに積み上げて全部読んでください。読書は人生を豊かにしてくれます。

♋ 蟹座の新月（または日食）

（6月下旬から7月下旬）

①家族と過ごしましょう。

あなたのご両親の様子を窺ってみましょう。蟹座のテーマは家と家族です。それは蟹座にとって何より重要です。最近、家族と十分な時間を過ごしていない人は、再び絆を強めましょう。家族が遠方に住んでいる人や家族がいない人は、親しい人に連絡しましょう。家族の問題を抱えているのなら、この新月を使って解決してください。人生は本当に短いのです！

②不安を払拭しましょう。

あなたは、不安、恐れ、独占欲が強い傾向がありますか？　正直に答えてください。

さて、蟹座のシンボルである、カニについて考えてみましょう。カニは、柔らかく弱い内部を保護する硬い殻を持った小さな生き物です。それが蟹座の特徴であり、私たちは皆、そういう部分があって自分を守ろうとします。今月、あなたは心配のあまり頑固になっていないでしょうか。バリアを取り除けば気分が良くなるでしょう。また、あまり不機嫌そうにしないでください。心を鎮めるためには瞑想が役立ちます。

③育みましょう。

蟹座には、愛情深く育てるという性質があります。蟹座のエネルギーは非常に温かく心地良いのです。不安な時、白髪のふくよかなおばあちゃんに抱きしめてもらっているような感じです。あなたにお茶やホットチョコレートを持ってきてくれます。蟹座のエネルギーはそれだけではありませんが、これは重要な特徴です。今月は、自分自身のケアをする約束をしてください。また他人、特に子どもの世話をしてください。

④ゴールを見直しましょう。

蟹座は、ダイナミックでねばり強い星座でもあります。人の世話をしたり、育てたりする経験が宝となっているのでしょう。今年のあなたの目標を見直してみましょう。蟹座の新月は、1年の中盤で起こります。自分の目標にどれだけ近づいたのか考えてください。正しい道から逸れないように、あるいは戻るために何をするべきか考えてください。

⑤入浴しましょう。

気持ちの良いお風呂に入りましょう。バスルームに自然素材のキャンドルを灯してみましょう。人工素材のキャンドルを屋内で灯すのは、体に悪いので避けましょう。温かいお風呂に入っていると、母親の子宮にいるような感覚があります。お風呂好きな人が多いのも頷けます。私にはバスルームで楽しむアイデアがいくつかあります。蟹座は水の星座なので、水に関係することであれば何でもお勧めします。もしあなたの家の近くにプール、川、小川、海があるのなら、飛び込んでみましょう。水辺でリラックスしましょう。徐々にあなた本来の輝きが戻ってきます。

獅子座の新月（または日食）

（7月下旬から8月下旬）

①目立ちましょう。

獅子座の新月は、人生を祝う時期です。楽しみましょう。獅子座のエネルギーは、寛大で、楽しく、度量が大きく、少し目立ちたがりです。私たちは皆、そういう性質があるのです。あなたに、オプラ・ウィンフリーの言葉を送ります。

「私たちが人生を称賛し祝福すればするほど、称賛し祝福するものが増えていくのです」

旅に出かけるのにも良い時期ですので、さっそく計画しましょう。

②戯れてください！

獅子座のエネルギーは、楽しく戯れる性質があります。戯れるには年を取り過ぎだということはありません！　獅子座の新月の時期には、そういう気配を感じるでしょう。パートナーがいて少し刺激が欲しい人も、社交的な場所に行きたいシングルの人も、自分のセクシーな面を取り戻しましょう。ロマンチックなディナーを楽しみましょう。あなたがシングルなら、友達と遊びに行って楽しく過ごしましょう。

③創造力を発揮しましょう。

多くの人々が、自らの創造力を認めていませんが、それは皆に具わっている能力です。絵で創造力を発揮する人もいるでしょう、料理や手芸をすること、楽しい休日のプランを練ること、見事なスプレッドシートを作成することが得意な人もいるでしょう。あなたにとって創造力とは何ですか。あなたのクリエイティブな面に注目する時期です。1年に一度、この時期に創造力を発揮すれば、ずっと忘れたままにはならないでしょう。大人は真面目になり過ぎることがあります。獅子座の新月は、気楽に構える機会をもたらします。

④自分を愛してください。

誰かに親切にしましょう。快く与えてください。心を開きましょう。

獅子座は自慢屋だと非難されていますが、それは良いことなのです。幸福になるためには、自分自身を愛さなくてはなりません。獅子座の新月の力を活用して、あなたの隠れた長所を思い出してください。自分を愛することは、傲慢ではありません。愛とは決して尊大ではないのです。自信とリーダーシップを身に付けてください。

⑤自分を甘やかしてください。

たまには、愛しい自分を甘やかしましょう。思い切り甘やかしてください。少しは人生を楽しみましょう。獅子座は、明るくて熱い太陽を象徴しています。自分の道を歩く時です。あなたが好きなように生きてください。あなたが世界に貢献する素晴らしい人間であることを思い出すのです。謙遜して自分の才能を隠しても良いことはありません。

♍ 乙女座の新月（または日食）

（8月下旬から9月下旬）

①整理しましょう。

詳細に注意を払ってください。人生の整理をしてください。順調なもの、そうでないものを見極めましょう。乙女座は細かいことで有名ですが、本当にそうなのです！　乙女座と聞いてイメージするのは、人的労働に頼っていた古い時代に、分別の能力を駆使して、小麦ともみ殻を分けていた人々です。今月はそのエネルギーを使って、自分の人生に変化を起こすべき分野はどこか考えてみましょう。日常的な習慣こそが大切です。

②奉仕しましょう。

あなたがスピリチュアルな道を進んでいるのなら、最高の仕事とは誰かの役に立つことだと知っているでしょう。乙女座は奉仕のサインです。自分は役立っているのか考えてください。特に、職場でどのように他人を助けることができますか。喜んで奉仕することで、良いカルマを積めます。同僚の負担を減らしてあげたり、放課後、誰かの子どもを迎えに行ってあげたりなど、小さなことで良いのです。

③健康でいましょう。

乙女座は代替医療に深い関心を持っています。乙女座の新月の時期には、あなたの食生活と日常の習慣について考えましょう。朝晩の習慣の重要性について書かれた本も多くありますが、あなたの習慣はいかがですか？　乙女座は習慣づけることが得意なので、今月から良い習慣を始めましょう。ヨガ、日々の瞑想、栄養たっぷりの朝のスムージー、早寝などの習慣を長続きさせるように頑張りましょう。

④あら探しをしないでください。

あなたは概して物事に批判的ではありませんか？　乙女座には批判的な性質があります。愛と批判は相いれません。愛する人々のあら探しをするのを止めましょう。もちろん、自分自身にもしないでください！　ベストを尽くすことは大事ですが、完璧主義はいけません。自分にあまり厳しくしないでください。自分の欲することを人にもしてください。それが乙女座のスタイルです。

⑤きちんとした生活をしましょう。

乙女座の特徴は、整っているということです。整理整頓したり、時間を守ったりということです。この時期には、支払いを済ませ、文書をファイルして、部屋の片付けをしましょう。

天秤座の新月（または日食）
（9月下旬から10月下旬）

①人と関わりを持ちましょう。

あなたは人付き合いが上手ですか？　天秤座はパートナーシップのサインです。大切な人々とうまくやっていますか。調和や交渉が必要か自分に尋ねてください。天秤座は調和と協力を重視しますので、失われていたら取り戻しましょう。天秤座には、ギブアンドテイクのエネルギーもありますが、どちらかと言えば与える量の方が多いようです。自分より相手を優先するのです。あなたは友人、恋人、パートナー、同僚、昔の恋人にどのように接していますか。

②パートナーを大切にしましょう。

パートナーシップに焦点が当たる時期です。結婚や仕事で、相手との関係がうまくいっていなかったら、この時期に問題が起こりそうです。ただし、それはいずれ解決されるので、あなたにとっては良いことです。天秤座は非常に社交的で外交的です。新月がこの魅力的なサインにある間に、是非それをアピールしましょう。

③交渉しましょう。

この時期は交渉事に向いています。何か納得できないことがあれば、再び交渉してみましょう。天秤座はバランスを取ろうとするので、歩み寄って合意できる点を見つけてください。「私は賛成です」という言葉をモットーにして、良い結果を期待しましょう。

④ゴージャスでいましょう。

天秤座は、美しく洗練されているのが特徴です。美しい人生を送る努力を、今すぐ始めてください。外見的なことばかり強調するつもりはないのですが、私たちが世界に示す姿は、私たちについて多くを語るのです。天秤座は美がテーマのサインです。あなたは今、最高の状態ですか。芸術性を発揮していますか。あなたの生活にもっと美を取り入れてみましょう！

⑤アイデンティティーを取り戻しましょう。

あなたは共依存に陥っていませんか。安心感を得るために、誰かに頼り過ぎていませんか。天秤座は協力がテーマの星座です。しかし、時々「一体感」が行き過ぎることがあります。あなたは、他の誰かによって自分らしさを奪われていませんか。もしそうなら、今改善しましょう。

♏ 蠍座の新月（または日食）

（10月下旬から11月下旬）

①セクシーになりましょう。

蠍座の新月のエネルギーは非常に性的です。それは、蠍座が人間の影の部分や、無防備な自分でいることを恐れないからでしょう。人が我を忘れ、自分がどう思われるのか気にしないのは、もちろんセックスの時でしょう。多くの人たちが、セックスはみだらなものだと教わって育っていますが、蠍座はみだらになることに抵抗がないのです。そして私たちは皆、蠍座のエネルギーがあります。

②賢く投資しましょう。

経済的なパートナーシップも、蠍座の新月のテーマです。それは、あなたのお金が他人のお金と出合ったり働いたりすることで、例えば、あなたの給料、クレジットカード、負債、抵当、遺言、遺産のことを意味します。経済的なパートナーシップを始めたり、終わらせたりしたいのなら、今が良い時期です。ただし、終わらせる場合には蠍座の満月の時期が一番適しています。

③心の平安を得ましょう。

所有欲と嫉妬は、非常に蠍座らしいエネルギーです。あなたは、その感情を経験している最中ではありませんか。例えば、誰かと権力争いをしていませんか。これも、蠍座の影の部分の影響です。自分自身の影を拒絶しないでください。むしろ、蠍座の新月のエネルギーを使って、それと折り合いをつけてください。影の存在を認めてしまう方がトラブルになりません。ただし、嫉妬の塊になっても良いというわけではありません。あなたに嫉妬の感情があることを認めて、関わる人たちに迷惑をかけないようにしましょう。

④深呼吸しましょう。

蠍座の感情は強烈ですが、恋人や友人との関係を深めるためには良い点でもあります。ただし、誰かにあまりに執着し過ぎないでください。少しだけ執着するのは楽しいです。でも、行き過ぎてしまうこともあります。自分の行動を振り返り、執着し過ぎだと思ったら抑えましょう。また、この時期にされる約束は守られる可能性が高いです。

⑤悪感情を捨てましょう。

心の負担や悪感情を捨ててください。このような感情は有毒で破壊的なので、きちんと向かい合うべきです。疑惑、罪の意識、復讐などは、今なら対処が簡単です。整理しましょう。人生はあまりに短いです。そして、カルマを背負うのはつらいものです。カルマも蠍座らしい概念です。新月は転機の時期ですので、年に一度この課題に取り組んでください。

射手座の新月（または日食）（11月下旬から12月下旬）

①どこかへ出かけましょう。

旅行など、あなたが自由を感じられる行動をしてください。楽しいことをしてみましょう。人生に縛られて、逃げ出したくなっているのなら、旅行の予約をしたり、今の場所から離れたりしてください。射手座は、自由を愛し放浪する性質がありますので、この新月を活用しましょう。射手座は、どんな時でも物事は改善できると知っています。時折、私たちは自分がどんなに幸せか確認するために、新しい視点を必要とするのです。

②勉強しましょう。

今月は勉強に力を入れましょう。勉強は退屈だと思うこともありますが、実際はあなたに自由をもたらします。勉強することで仕事の選択肢も増えます。多くの報酬も得られて、あなたはもっと自由になれます。

③意味を見つけてください。

深遠な探求をすることも今月のテーマです。人生の意味を探りましょう。あなたはどのように考えていますか。射手座には人生哲学があります。射手座の新月は、あなたの視野が狭くなっていないか確認する時期です。

④笑いましょう。

楽しむこと、多少のリスクを冒すことは、両方とも射手座の新月のテーマです。人生が少し落ち着いてきたら、自分が楽しんだり冒険をしたりしているか考えてください。あなたに、ペトロナスツインタワーの間で綱渡りをしてくれと言っているわけではありません。しかし、運命の歯車を回転させるためにこの月を活用しましょう。少し過剰になりやすい時期ですが、それで良いのです。一方、射手座は法律問題も司っています。射手座の新月は、進行中の法的な争いに新たなエネルギーを注ぎます。

⑤感謝しましょう。

あなたが幸せであることを知ってください。射手座は、私たちに新しい観点をもたらします。あなたが不機嫌で、ネガティブなことばかり考えているなら、違う方向を向きましょう。

インドに住む私の先生の言葉をあなたに送ります。

「人生を幸せにする秘密は、あなたが幸せであるということを知ること、そしてそれを知りながら人生を送ることです」

山羊座の新月（または日食）
（12月下旬から1月下旬）

①計画しましょう。

山羊座の新月は、年末年始の時期に当たるでしょう。山羊座は計画を立てることが得意です。あなたの来年（今年）の抱負は何ですか。この本のテーマも、月のサイクルに沿って計画をして、願いを書き出すことです。それが現実化にとっての鍵だからです！　山羊座はあなたがゴールに向かって、着実に進まなくてはならないことを知っています。ですから時々、計画通り進んでいるか確かめてください。

②大志を抱いてください。

野心を持ってください。あなたのゴールを明確にしましょう。あなたはどんなことで名を成したいですか。山羊座はとても仕事ができるのです。そして、勤勉なことが目標達成に不可欠だと知っています。あなたは頑固ではありませんでしたか？　固定観念を捨て、柔軟な考え方を持ってください。あなたが社会的地位や名声を切望するならば、それに向かって努力しましょう。私は野心を否定しません。

③親切にしましょう。

山羊座は、気難しい土星と関わりがあるので、少し冷たいエネルギーがあるのです。今は、クリスマスの慈愛に満ちた季節です。このエネルギーを活用して、誰かに愛を伝えてください。ずっと守れる約束をしてください。

④支配しないでください。

何かを支配しようとしないでください。山羊座は厳しい性質があります。そして、誰もがホロスコープに山羊座を持っています。人に譲らない傾向がある人は、この新月を利用して改善しましょう。誰も支配されるのが好きな人はいません。

⑤伝統を作りましょう。

クリスマスに関するものであってもなくても、新しい伝統を作るのは素晴らしいことです。

今は、自分の評判が良くなるように努力しましょう。あなたの上司やスタッフに感謝をしましょう。年末は、感謝の気持ちが自然に湧いてきます。山羊座の新月が助けてくれますので、是非やってみてください。

水瓶座の新月（または日食）
（1月下旬から2月下旬）

なお、水瓶座の新月は、中国の春節の時期に当たります。

①離れましょう。

水瓶座の新月の時期には、執着を捨ててください（Part 3を参照してください）。

水瓶座は、非常に客観的なサインです。水瓶には水が入っているのになぜ？と思うかもしれません。実は水瓶座は風のサインで、頭で色々考える傾向があります。これには、もちろん欠点もあります。しかしそのおかげで、実際的になれるのです。感情的過ぎるのも困りますし、論理性が重視される時もあるのです。

②真実のあなたでいましょう。

あなたが本当の自分でいられる時間はありますか。水瓶座は、それほど伝統や慣習を気にしません。バレンタインデーが水瓶座の時期なのは道理にかなっています。誰かの本当の姿をふと目にした時に、人は恋に落ちるからです。不思議ですがそういうものです。

③発明しましょう。

今、何か困っていることがあるのなら、水瓶座の新月を利用して、良いアイデアや解決法を引き寄せてください。水瓶座のエネルギーは流行に敏感で、技術や進歩を重視するサインなので、常に将来へ目を向けています。あなたが行き詰まりを感じているなら、変化を起こす時期です。社会の規範はあまり気にしないでください。

④慈善をしましょう。

年に1回慈善事業に寄付をするなら、この時期にしてください。水瓶座のエネルギーは、人々を幸せに導きます。私たちは今、そうするべきです。

⑤つながりましょう。

社交的になってください。水瓶座は一対一より、多数の人々と関わる方が得意で、博愛精神に満ちています。この時期には、友人と会ったり、サークルに顔を出したりしましょう。水瓶座は共通の理想のために集まるのが好きです。あなたの仲間を探してください。

魚座の新月（または日食）
（2月下旬から3月下旬）

①夢を見ましょう。

魚座は、素敵な夢のような場所で、夢、神秘、共感がテーマです。あなたが考えていることや、あなたが夢見ていることは何ですか。あなたは良い方向に想像力を使って、望むものを引き寄せていますか。恐れの気持ちを手放しましょう。

②自分の恐れに向き合いましょう。

魚座の新月も、秘密や嘘と関わりがあります。それは、誰もが認めたくない部分です。あなたが恐れていることをリストアップしてみましょう。そうすることで、恐れから解放されます。脊椎のない小さい生き物である魚は、正面から向き合うと反対方向に逃げ出します。勇気を出して恐れに向き合ってください。

③宇宙を意識しましょう！

この時期には神秘的なエネルギーが漂い、直感力が高まっています。あなたの予感を書き留めておき、どのような結果になったか確かめましょう。タロットや大天使のカードを使ってみましょう。

④癒しましょう。

あなたは精神的に辛い状況にありますか？　今は、癒しのエネルギーが強い時期です。魚座は、海王星と関係していますが、海王星はアイデアをどこからともなく取り出して、空想にする惑星です。そして引き寄せの法則により、空想というものは実現するのです。スピリチュアルヒーリングが必要であれば、ヒーラーを探してください。誰か良い人がいないか友人に聞いてみましょう。癒しが必要なことをリストにして、それが癒されたか確認しましょう。きっとそうなります。

⑤委ねましょう。

魚座は夢を司るサインなので、あなたの夢を書き留めてください。あなたは何を望みますか。あなたのファンタジー（性的なものや、そうでないもの）は何ですか。

喜びを探しましょう。あなたの望みが叶うと信じ、宇宙に委ねてください。ヨガなどのスピリチュアルな活動をすることが、魚座の新月の時期、そしてこれからもずっと推奨されています。あなたのハイヤーセルフにつながりましょう。あなたは世界中のすべての生命につながっています。

CHAPTER 5

新月を活用して未来を予測する

占星術が好まれるのは、それを使って未来の予測ができるからでしょう。そして新月も未来の予測に活用できるのです。そのためには、新月が位置するハウスを知るだけで良いのです。あなたの出生チャートは、ハウスと呼ばれる12の部分に分割されています。12のハウスのそれぞれは、人生の異なる分野を司ります。新月は、実際に素晴らしい人生のガイドとなり得るのです。新月で予測できるのは以下のような項目です。

・今後の4週間に起こりそうなこと。

・今後の4週間にあなたが注目しそうなことや、注目すべきこと。

・あなたがやり直すこと。

・今後の4週間であなたがするべきこと。

・今後の4週間の主要なテーマ。

サインとアセンダントとハウス

新月を使って予測をするためには、自分の星座（太陽星座）とアセンダントを知る必要があります（自分の星座だけでも可能です）。

あなたの誕生日を下のサインの表で見つけましょう。ちょうど移り変わる時期に誕生したなら、サインを再確認する必要があります。太陽は年によって、2、3日のずれが生じるからです。それは私のサイトで確認できます。

www.moonologybook.com/freechart

星座	誕生日
♈ 牡羊座	3月21日～4月19日
♉ 牡牛座	4月20日～5月20日
♊ 双子座	5月21日～6月20日
♋ 蟹座	6月21日～7月22日
♌ 獅子座	7月23日～8月22日
♍ 乙女座	8月23日～9月22日
♎ 天秤座	9月23日～10月22日
♏ 蠍座	10月23日～11月21日
♐ 射手座	11月22日～12月21日
♑ 山羊座	12月22日～1月19日
♒ 水瓶座	1月20日～2月18日
♓ 魚座	2月19日～3月20日

自分のサインだけを使って予測したければ、それで構いません。毎月の新月をフォローすれば、新月の後に続く4週間にどんなことが起こるのか、かなり正確な予測ができるからです。ただしあなたのアセンダントも使えば、もっと正確に読むことができます。

あなたのアセンダントを知るためには、出生の日付、時間、場所が必要なので、より個人的な予測ができるのです。私のウェブサイト（www.moonologybook.com/freechart）でアセンダントを確かめてみてください。地球の向こう側で（または3〜4キロ離れた場所で）、あなたと同じ時間に生まれた人でも、あなたと違うアセンダントを持つのです。

新月の入るハウスを見つける

さて、あなたの星座とアセンダントを知ることができました。新月（満月、上弦と下弦の月、デイリームーンも）が、あなた個人にとって何を意味するかがもうすぐ分かりそうです。ただし最初に、94〜95ページの表を使って、毎回、新月がどのハウスにあるのか確認してください。

表の使い方を理解するために、いくつか例を挙げます。

- あなたの星座、あるいはアセンダントが牡牛座であるならば、蠍座の新月は第7ハウスにあります。
- あなたの星座、あるいはアセンダントが魚座ならば、水瓶座の新月は第12ハウスにあります。
- あなたの星座、あるいはアセンダントが射手座ならば、天秤座の新月は第11ハウスにあります。

12のハウスが司る詳しいテーマを知りたい方は、付録B（243〜

245ページ）をお読みください。

各ハウスに滞在する新月の手引き

これから挙げるのは、新月の時期にこれからもずっと使える手引きです。最初に、新月が今どのサインにあるのか探しましょう。それは私のサイトで見つけられます。

www.moonology.com

それから、新月があなた個人のどのハウスにあるか調べるために、94〜95ページの表をご覧ください。新月の入っているあなたのハウスが分かったら、下記の項目について予測やメッセージを見てみましょう。

・新月の時期に起こりそうな問題。
・新月の時期に予測できること、そしてその後4週間に予測できること。
・その新月に何を望むべきか。
・新月の時期にイメージすると良いもの。
・新月の時期、およびその後の4週間に心に留めておくべきこと。
・毎月の新月の主要なメッセージ。
・日々の瞑想を助ける方法。
・新月の時期にする儀式。
・エネルギーを最大限に活用するために、新月の時期とその後の4週間にするべきこと。
・新月の時期に唱える3つのアファメーション。

以下のような補足事項もあります。

・エッセンシャルオイル

その新月に波長が合うエッセンシャルオイルについて。

・その新月が持つ数字的なエネルギーや注目すべき数。

・3次元（3D）チャクラと5次元（5D）チャクラについて。新月と、その後に続く4週間に、活性化するべきチャクラを説明します。

・マントラ

新月の時期と、その後の4週間に唱えるマントラについて。

マントラはその月のチャクラを活性化します。

・女神と大天使

その月の新月を導く女神と大天使について。

・普遍的な法則

その月の新月と、後に続く4週間に考えてみたい法則について。

・聖なる光線

その月の新月と関わりのある聖なる光線について。

＊付録C（246ページ）には、補足事項について説明がありますので参照してください。

＊新月に限らず、満月など他の月相の月が位置するハウスもこの表で調べられます。

あなたの星座かアセンダント	牡羊座の新月があるあなたのハウス	牡牛座の新月があるあなたのハウス	双子座の新月があるあなたのハウス	蟹座の新月があるあなたのハウス	獅子座の新月があるあなたのハウス
牡羊座か牡羊座のアセンダント	第1ハウス	第2ハウス	第3ハウス	第4ハウス	第5ハウス
牡牛座か牡牛座のアセンダント	第12ハウス	第1ハウス	第2ハウス	第3ハウス	第4ハウス
双子座か双子座のアセンダント	第11ハウス	第12ハウス	第1ハウス	第2ハウス	第3ハウス
蟹座か蟹座のアセンダント	第10ハウス	第11ハウス	第12ハウス	第1ハウス	第2ハウス
獅子座か獅子座のアセンダント	第9ハウス	第10ハウス	第11ハウス	第12ハウス	第1ハウス
乙女座か乙女座のアセンダント	第8ハウス	第9ハウス	第10ハウス	第11ハウス	第12ハウス
天秤座か天秤座のアセンダント	第7ハウス	第8ハウス	第9ハウス	第10ハウス	第11ハウス
蠍座か蠍座のアセンダント	第6ハウス	第7ハウス	第8ハウス	第9ハウス	第10ハウス
射手座か射手座のアセンダント	第5ハウス	第6ハウス	第7ハウス	第8ハウス	第9ハウス
山羊座か山羊座のアセンダント	第4ハウス	第5ハウス	第6ハウス	第7ハウス	第8ハウス
水瓶座か水瓶座のアセンダント	第3ハウス	第4ハウス	第5ハウス	第6ハウス	第7ハウス
魚座か魚座のアセンダント	第2ハウス	第3ハウス	第4ハウス	第5ハウス	第6ハウス

乙女座の新月があるあなたのハウス	天秤座の新月があるあなたのハウス	蠍座の新月があるあなたのハウス	射手座の新月があるあなたのハウス	山羊座の新月があるあなたのハウス	水瓶座の新月があるあなたのハウス	魚座の新月があるあなたのハウス
第6ハウス	第7ハウス	第8ハウス	第9ハウス	第10ハウス	第11ハウス	第12ハウス
第5ハウス	第6ハウス	第7ハウス	第8ハウス	第9ハウス	第10ハウス	第11ハウス
第4ハウス	第5ハウス	第6ハウス	第7ハウス	第8ハウス	第9ハウス	第10ハウス
第3ハウス	第4ハウス	第5ハウス	第6ハウス	第7ハウス	第8ハウス	第9ハウス
第2ハウス	第3ハウス	第4ハウス	第5ハウス	第6ハウス	第7ハウス	第8ハウス
第1ハウス	第2ハウス	第3ハウス	第4ハウス	第5ハウス	第6ハウス	第7ハウス
第12ハウス	第1ハウス	第2ハウス	第3ハウス	第4ハウス	第5ハウス	第6ハウス
第11ハウス	第12ハウス	第1ハウス	第2ハウス	第3ハウス	第4ハウス	第5ハウス
第10ハウス	第11ハウス	第12ハウス	第1ハウス	第2ハウス	第3ハウス	第4ハウス
第9ハウス	第10ハウス	第11ハウス	第12ハウス	第1ハウス	第2ハウス	第3ハウス
第8ハウス	第9ハウス	第10ハウス	第11ハウス	第12ハウス	第1ハウス	第2ハウス
第7ハウス	第8ハウス	第9ハウス	第10ハウス	第11ハウス	第12ハウス	第1ハウス

あなたの第1ハウスに新月（または日食）がある場合

第1ハウスの意味：あなたが世界に示している自己イメージ

テーマ

あなたが世界に示すイメージ。第一印象。

予測できること

あなたの印象を変化させる機会。

望むと良いこと

勇気・新たに始めること・より良いセルフイメージ・自立。

イメージすること

理想とする自分の姿。

心に留めるべき言葉

新しい12か月の始まりです。私はしたかったことを始めて、ずっと続けます。

メッセージ

第1ハウスの新月の時期は、心が躍ります。絶えず変化を遂げるあなたに焦点が当たっています。自己改革と自己啓発に努める時期です。外見も重視しましょう。多少うぬぼれが強くても構いません。

自分の理想のスタイルを追求しましょう。あなたが世界に示す姿をよく見てください。少し軽薄に聞こえるかもしれませんが、自分の外見を誇りに思い、外見が示すメッセージを認識することは成功への鍵です。どんな服装を選ぼうとあなたの自由ですが、今月はこのテーマについて考えましょう。

この時期には、ワードローブを整理したり、髪型をもっと素敵にしてみたり、名刺を新しくしたり、あなたのウェブサイトを一新したりすると良いでしょう。どのように、自分を世界に提示するかが一番の課題です。

今月のあなたは人気者です。何かに招待されたら是非出向いて、皆の注目を浴びて楽しんでください。新しいプロジェクトを始めるのも良いでしょう。

あなたにはスポットライトが当たっています。外見について自信が持てるように、新月はあなたを応援しています。

瞑想のはじめに

日々の瞑想の前に、以下の言葉を自分にかけてください。

「私は変化し、成長しています」

儀式

新月の願い事をした後に儀式をしましょう。鏡の前に立ち、そこに映るあなたに向かって、愛のこもったキスを送りましょう。そして、「愛しています」と言ってください。

するべきこと

・新しいあなたを見せて友達を驚かせましょう。

・古くなった化粧品を捨てて、新しいものを買いましょう。

・結婚するか、新たな出会いを探しましょう。

・引っ越しをしましょう。

・鮮やかな色のものを買いましょう。

・エステでフェイシャルをやってもらいましょう。

・視力の検査をしてもらいましょう。

3つのアファメーション

この新月の期間とその後の4週間は、以下のアファメーションを繰り返しましょう。一つだけでも構いません。

①「今日は、私の残りの人生の初日です」

②「私は、自分の容姿を誇りに思います」

③「私は勇敢です」

エッセンシャルオイル

人生の新しい旅を始めるにあたり、アンゼリカシードは、あなたの疑いを鎮め、自己認識と積極性を高めてくれます。この新月の時期とその後の4週間は、アンゼリカシードのオイルをバスルームで使用したり、焚いてみたり、希釈して塗ってみたりしましょう。

数字のエネルギー

今月の数字は1で、自分自身のことを考えるようにと伝えています。あなたの夢、理想、目的は何ですか。考えてみましょう。1年の新月のサイクルの始まりです。過去のことは忘れて、現在あなたが望んでいるもの、将来自分のために創造したいものに集中してください。

マントラ

今月のマントラは、ラーム（Ram）です。毎日声に出して、または心の中で繰り返しましょう。シャワーを浴びている時、瞑想の前後、その他いつでも好きな時間に唱えてください。今月のチャクラを活性化します。

3Dチャクラ

あなたの第1ハウスで新月のサイクルが始まりました。あなたのパワーの中心となるソーラープレクサスチャクラとつながりましょう。第1ハウスからあなたの輝きが放たれます。ここはあなたを世界に表す部分です。

新月はあなたのチャートを移動していきますが、これから12か月で何を創造したいか、考えてみてください。ソーラープレクサスチャクラは黄色で、あなたのへそと胸骨の底部の間にあり、力、自由、支配といったテーマを持っています。

5Dチャクラ

アーススターチャクラは、白黒であなたの足の下にありますが、これが今月のチャクラです。このチャクラには、あなたがこの生涯で達成できることが保存されています。このチャクラを活性化すると、自分の可能性を発揮することができるでしょう。

導く大天使

大天使アリエルは、魔法と奇跡の天使として知られています。アリエルは、私たちが子どものような純粋さを持って人生に向き合えば、何でも可能だと告げています。そうすることで驚くような成果があるのです。大天使アリエルにつながるためには、その名前を呼び、助けを求めてください。

「愛する大天使アリエル、新しいサイクルを始めるにあたり、私のそばにいてください。あなたの助けとガイダンスによって、私は人生のすべての分野で可能性を発揮することができます。ありがとう」

導く女神

女神アテナは、新しいプロジェクトを始めるあなたを応援しています。アテナは、戦いと守護の女神です。あなたが必要とする勇気をアテナに頼んでください。アテナには恐れがありません。アテナにつながるためには、その名前を呼び、助けを求めてください。

「愛するアテナ、夢を追い求めるために、私はもっと勇敢になります。私のそばにいてください。あなたの助力とガイダンスで、私はこの分野で最大限に可能性を発揮します。ありがとう」

普遍的な法則

今月の法則は「神聖なるワンネスの法則」です。これは地球上のあらゆる生き物はつながっていると説いています。私たちが考えたり、言ったり、行動したりすることすべては、結局私たち人間に還ってきます。そして、周囲の世界と宇宙に影響を与えるのです。

聖なる光線

今月の光は第1光線です。第1光線は、アセンデッドマスターのエル・モリヤが司り、マニュ・アラ・ゴビによって守護されています。光線は赤色なので、瞑想する時には赤色をイメージしてください。第1光線は、新しいサイクルを始めるあなたに必要なものを引き寄せます。勇気、信頼、内なる力、勇敢さ、情熱、原動力、熱意を頼みましょう。あなたの意志が、創造主の意志と聖なる計画と調和するように祈りましょう。

あなたの第2ハウスに新月（または日食）がある場合

第2ハウスの意味：あなたのお金・所有物・価値

テーマ

お金・財産・才能・資産。

予測できること

お金と財産に焦点が当たりそうです。

望むと良いこと

経済的な豊かさ、高い自尊心、あなたが本当に欲しいもの。

イメージすること

理想の家で、愛する人たちと過ごす自分の姿。

心に留めるべき言葉

あなたの人生は安定していますか。もしそうでなければ、安定させるために何をするべきですか。

メッセージ

新月は、あなたが金銭面の立て直しができるように助けてくれます。自分の素晴らしさを認識しましょう。あなたの財産をよく把握してください。私が意味するのは、銀行に預けている財産のことだけではありません。それより深いものです。あなたは何を世界に提供できますか。自分自身を評価してください。他人も同じように評価するでしょう。自己価値と自尊心というテーマに取り組んでください。自分を愛することは間違っていません。

あなたの収入、財産、予算を認識しましょう。どうすれば経済的に安定するでしょうか。金銭面の改善に取り組むあなたを、新月は応援します。自分を信じることが第一歩です。自分を高く評価するほど、他人もあなたを高く評価します。自慢をしろというのではありません。自分を信頼しましょう。今月は、財産の管理に重点を置いてください。あなたが本当に価値を置くもの、あなたが世界に提供できるものについて考えてください。

瞑想のはじめに

日々の瞑想の前に、以下の言葉を自分にかけてください。

「私は、自分を信じます。私には世界に貢献できる力があります」

儀式

新月の願い事をした後すぐに、あなたが受け取りたいと思う金額の小切手を自分に切ってください。

するべきこと

- 貯金専用の口座を開設しましょう。
- 請求書の支払いをして、税金や負債などを払ってください
- あなたの手に負えないのなら、会計士を雇ってください。
- あなたの才能を世界に示してください。
- 首と肩のマッサージを受けてください。
- 首に塗る高級クリームを買ってください。
- 田園地方へ行って、恋人と愛し合ってください。

3つのアファメーション

この新月の期間とその後の4週間は、以下のアファメーションを繰り返しましょう。一つだけでも構いません。

①「私は幸せで、健康で、裕福で、賢いです」

②「宇宙よ、ありがとう。私に必要なものはすべて与えられます」

③「私にはそれを受け取る価値があります」

エッセンシャルオイル

お金の不安を鎮めるための精油はイランイランで、非常にリラックスできます。香りを深く吸い込んでください。そして、お金はエネルギーであり、私たちの感情に反応することを思い出してください。

数字のエネルギー

今月の数字は2です。自分を愛しましょう。他人と比較するのは止めましょう。あなたが男性でも女性でも、自分の女性性に触れてください。

マントラ

今月のマントラは、ラーム（Lam）です。毎日、声に出して、または心の中で唱えてください。シャワーを浴びている時、瞑想の前

後、その他いつでも好きな時間に唱えましょう。今月のチャクラを活性化します。

3Dチャクラ

ルートチャクラを整えましょう。ルートチャクラはあなたの足の付け根のあたりにあります。そこで赤い光が回っている様子をイメージしましょう。物質面での不安が和らいできます。このチャクラは、貧困への恐れが保管されている場所です。バランスが取れると、お金の流れも良くなり、安心して生活ができるようになります。

5Dチャクラ

ベースチャクラは、プラチナ色をしていて、喜びを司るチャクラです。楽しそうに遊んでいる子どもをイメージしてください。何の心配もしていません。子どものような感覚を思い出してみましょう。あなたの尾てい骨の下あたりがプラチナ色で輝いている様子をイメージして、ベースチャクラを活性化させてください。あなたの物質的なニーズは、以前よりも楽に満たされるようになるでしょう。

導く大天使

すべての大天使と同様に、チャミュエルはあなたが助けを求めれば何でも手伝ってくれます。その中でも専門のテーマは、人間関係、友情、転職、内なる平和の探求です。大天使チャミュエルにつながるためには、その名前を呼んで、助けを求めてください。

「愛する大天使チャミュエル、進むべき道を探す私のそばにいてください。あなたの助けとガイダンスで、私は人生のすべての分野で可能性を発揮することができます。ありがとう」

導く女神

女神アバンダンティアは、古代ローマの豊穣の女神でした。アバンダンティアは、豊穣の角を持っている姿でよく描かれています。その角からは、豊かさ、幸運、繁栄、成功と限りないチャンスが注がれるのです。アバンダンティアという名前には、豊かさや富という意味があります。あなたに経済的な問題があるのなら、この女神が一番助けになるでしょう。

普遍的な法則

今月の法則は、「バイブレーションの法則」で、宇宙のすべてが回転するように振動していると説いています。同様に、私たちの考え、言葉、感情と欲求も振動しています。歌、ダンス、合唱、美しい音楽、瞑想を通して、私たちのバイブレーションを上げると、宇宙と調和していきます。

聖なる光線

第2光線は青色で、マスター・ヨシュアが司り、救世主ロード・マイトレーヤによって守護されています。第2光線は万物の源から英知を引き出し、私たち人間の霊的成長を助けます。瞑想中に青色をイメージしてください。

あなたの第3ハウスに新月（または日食）がある場合

第3ハウスの意味：コミュニケーション

テーマ

聞いたり話したりするコミュニケーション・兄弟姉妹とのコミュニケーション。

予測できること

非常に忙しくなりそうです！

望むと良いこと

しっかりと自己表現して、あなたのメッセージを伝える能力。

イメージすること

誰かを抱きしめる姿。愛を込めて自分の考えを伝える様子。

心に留めるべき言葉

あなたは自分の本当の気持ちを伝えていますか。それとも隠していますか。自分自身や他人に対して正直でいてください（もちろん、残酷なほど正直になってはいけません）。

メッセージ

コミュニケーション能力を高めましょう。あなたの伝えたいことが、相手に伝わっていますか。あなたは、会話やメールで自分の希望をきちんと伝えることができますか。それはとても重要です。言葉で伝えなくても、相手があなたの気持ちを汲み取ってくれるだろうと期待しないでください。この新月は、手紙や会話でのコミュニケーションに努めましょう。

また、小旅行をしたり、兄弟姉妹と過ごす時間が増えたりするので、忙しくなりそうです。

瞑想のはじめに

日々の瞑想の前に、以下の言葉を自分にかけてください。

「私は読んで、聞いて、学びます。ストレスを感じる時は、深呼吸します」

儀式

スロートチャクラを活性化するために、マントラのフーム（Hum）を唱えましょう。

するべきこと

- パブリックスピーキングのクラスを受講しましょう。
- 積み重ねていた本を読んでください。
- 小旅行をしましょう。
- あなたの兄弟姉妹と遊びに行きましょう。
- 外国語を学んでください。
- 他人の言葉に耳を傾けてください。
- あなたが先延ばしにしていた手紙を書いてください。

3つのアファメーション

この新月の期間とその後の4週間は、以下のアファメーションを繰り返しましょう。一つだけでも構いません。

①「私は、はっきりと、優しく、そして恐れずに、自分を表現します」

②「私は、自分が話すのと同じくらい、他人の言葉に耳を傾けます」

③「私の兄弟姉妹や隣人との関係はもっと良くなります」

エッセンシャルオイル

ベルガモットは、コミュニケーションを円滑にします。新月の時期、そしてその後の4週間は、ベルガモットを使ってください。バスルームで使ったり、焚いてみたり、希釈して体に塗ったりしましょう。

数字のエネルギー

今月の数字は3です。楽しみましょう。3という数字は創造力と表現を意味します。この数字が伝えているのは、自分を精一杯表現し、人生を楽しむことの大切さです。そうすれば人生がスムーズに流れていきます。

マントラ

今月のマントラは、フーム（Hum）です。毎日声に出して、または心の中で繰り返しましょう。シャワーを浴びている時、瞑想の前後、その他いつでも好きな時間に唱えてください。今月のチャクラを活性化します。

3Dチャクラ

スロートチャクラを活性化しましょう。空色の光が喉の奥で回転している様子をイメージしてください。夢の人生を送るためには、自己表現が必要です。自己表現とスロートチャクラは、密接に結びついています。あなたの言葉は、あなたの魔法の杖です。このチャクラから意志を示せば、人生が変化します。あなたの意志はどれほど強いですか。この課題に今月は取り組んでください。

5Dチャクラ

5次元のセイクラルチャクラは、真珠のようなピンク色をしています。このチャクラは、愛のエネルギーを発していて、あなたは官能的に愛を表現することができます。チャクラが整っていると、恋人も賢く選ぶことができたり、現在のパートナーとの性生活が改善されたりします。

導く大天使

大天使ザドキエルは、共感と許しを司る大天使です。その許しは心からの許しです。ザドキエルは記憶も司っています。大天使ザドキエルとつながるためには、キャンドルを灯して、その名前を呼び、助けを求めてください。

「大天使ザドキエル、私は心を開いて、正直に自分を表現します。どうぞ私のそばにいてください。あなたの助けとガイダンスによって、私のコミュニケーション能力が高まります。ありがとう」

必要ならば、兄弟姉妹、隣人に関することについてもガイダンスを求めてください。

導く女神

女神サラスヴァティは、知性と女性的な知恵を司るヒンドゥー教の女神です。サラスヴァティは、世界に言語を伝えました。ですから、あなたが何かを書いたり、話したり、表現したりするのなら、サラスヴァティにガイダンスを求めてください。あなたの第3ハウスに月がある時は、公私において伝達能力について考える時期です。サラスヴァティにつながるためには、その名前を呼びましょう。

普遍的な法則

「行動の法則」に焦点が当てられています。願い事をたくさんしたところで、あなたが何も行動しなかったらどうなるでしょうか。おそらく、何も起こらないでしょう。理想の人生を送るためには、行動の法則を適用しなくてはなりません。あなたは行動を起こしていますか。夢に近づくために、あなたは何ができますか。

聖なる光線

黄色の第3光線は、マスター・セラピス・ベイが司り、マハチョハン・サン・ジェルマンが守護しています。この光は、心をクリアにすることで実現化を促進します。この時期は、黄色を自分の周囲に置きましょう。心を開くことで知識が得られ、あなたの人生に光が注がれます。

あなたの第4ハウスに新月（または日食）がある場合

第4ハウスの意味：あなたの家庭と家族

テーマ

家庭・家族・出身地・故郷・家族の意味。

予測できること

家や家族に関することに焦点が当たるでしょう。

望むと良いこと

幸せで健康的な家庭生活。

イメージすること

家族や親しい人々と、絶好の天気の日に外出するあなたの姿。

心に留めるべき言葉

あなたの家・あなたの出身地・あなたが属する場所。

メッセージ

あなたにとって、家はどんな意味を持ちますか。あなたの答えが何であっても、これからの4週間は、それが大きなヒントとなります。

第4ハウスにある新月は、家に関することであれば、始まりを意味することが多いのです。引っ越しを意味するのかもしれませんし、誰かがあなたの家庭に加わるのかもしれませんし、出ていくのかもしれません。大掃除、改築、改装の可能性もあります。新月が第4ハウスにある時は家族がテーマです。特にあなたの両親と過ごす時間が増えそうです。

瞑想のはじめに

日々の瞑想の前に、以下の言葉を自分にかけてください。

「私は、自分が属する場所を知っています」

儀式

あなたの家族や親しい人々の絵を描いてみましょう。絵の才能は必要ありません。人を棒のように書いてもよいのです。その周りに大きなハートを描きましょう。皆に愛を送ってください。

するべきこと

- ガレージセールを催しましょう。
- あなたの両親をハグしてください。
- 写真アルバムやデジタル写真ファイルを整理してください
- 友人を家に招いてください。
- 快適に過ごせるように、自宅の改装や模様替えをしてください。
- 家を売ったり、引っ越ししたりしましょう。他の国に移り住むのも良いです。
- あなたの祖父母に、家族の歴史について聞いてみましょう。

3つのアファメーション

この新月の期間とその後の4週間は、以下のアファメーションを繰り返しましょう。一つだけでも構いません。

①「私は家族を愛しています。そして家族も私を愛しています」

②「私は安全です。すべてはうまくいっています」

これは、ルイーズ・ヘイの有名なアファメーションですが、ここにぴったりです。

③「私は、自分の家庭を愛します」

（覚えておいてください。アファメーションは実現するのです。家庭を愛する気持ちを味わってください。たとえあなたが現在の家庭を全く好きでなくても、いつか愛せるようになるためです）

エッセンシャルオイル

パチュリには、心を明るくしてくれる作用があります。憂鬱な気持ちを減らし、免疫系を高めます。パチュリを焚いて楽しい雰囲気を演出しましょう。

数字のエネルギー

数字の4は、きちんとしていること、実際的で生産的なことを示しています。世界を支えている4本の柱をイメージしてください。自分を律すること、強く、信頼できて、安定していることを意味します。

マントラ

今月のマントラは、オーム（Om）です。毎日声に出して、または心の中で繰り返しましょう。シャワーを浴びている時、瞑想の前後、その他いつでも好きな時間に唱えてください。今月のチャクラを活性化します。

3Dチャクラ

今月はサードアイチャクラを活性化しましょう。あなたの額の中央で青い光が回っている様子をイメージしてください。直感力が大変高まる時期です。プライベートでもビジネスでも、直感は私たちを助けてくれます。

5Dチャクラ

へそのチャクラはオレンジ色で、温かくて、魅惑的です。それが正しく回転している時、人々はあなたに引き寄せられます。日常生活が順調に進まず、不調和を感じていたら、このチャクラを整えるべきです。あなたのおへそのあたりで、目の覚めるようなオレンジ色の光が回転している様子を想像してください。

導く大天使

大天使ガブリエルは、家族、妊娠、子育てと深い関係があります。ガブリエルは、子どもを望む未来の母親たちを受胎へと導いています。そして、子育てに奮闘中の親たちも助けています。大天使ガブリエルにつながるためには、キャンドルを灯してその名を呼び、ガイダンスを求めてください。

「愛する大天使ガブリエル、私が私生活や、家族や、～に取り組んでいる間、私と共にいてください。あなたの助けとガイダンスにより、大きな力を発揮することができます。ありがとう」(～に、好きな言葉を入れてください)

必要ならば、家庭の問題についても、ガブリエルに助けを求めてください。

導く女神

今、あなたが何かを追い求めているならば、狩猟と魔女の女神ダイアナに話しかけてください。また、自由に自分を表現して、夢を追いかけたい時、もっと自立したい時、または他人に執着し過ぎている時も、ダイアナに話しかけましょう。ダイアナは子育ても助けてくれます。あなたが母親のように濃密な愛情で、友人や家族を息苦しくさせていたなら、助けを求めましょう。ダイアナにつながるためには、その名前を呼んでください。

普遍的な法則

「呼応の法則」は、私たちの外側の人生が、私たちの内面の反映であることを説いています。「上の如く、下も然り。内の如く、外も然り」という言葉の通りです*。ですから、私たちの現実の世界は、私たちの内面で起きていることの鏡なのです。現実の世界が混乱していたり、不幸だったりするならば、私たちの内部で起きていることが映し出されているのです。

＊訳者注：伝説の書『エメラルド・タブレット』に書かれた有名な言葉

聖なる光線

第4光線は、ベニスのパウロが司り、マハチョハン・サン・ジェルマンによって守護されています。平和、静けさ、バランス、調和は、あなたに引き出されるのを待っています。この光線は緑色なので、瞑想中に緑色をイメージし、サン・ジェルマンに助けを求めてください。また、あなたの創造的、芸術的な能力を引き出し、内側の美を表現します。これは浄化の光線でもあります。

あなたの第5ハウスに新月（または日食）がある場合

第5ハウスの意味：楽しむ

テーマ

創造力・子ども・ロマンス。（このうちの1つかもしれませんし、3つ全部かもしれません）

予測できること

楽しむ・笑う・子どもと一緒の時間・創造性の高まり。

望むと良いこと

人生をゲームだと捉える。

イメージすること

愛する人たちと楽しく過ごす自分の姿。

心に留めるべき言葉

人生を楽しむことができるかは、あなた次第です。

メッセージ

第5ハウスが扱うのは、創造力、子どもたち、性的なロマンス（真剣な恋愛ではなく）という3つの分野です。

創造性に関して言えば、あなたがひっそり芸術を楽しんでいるのなら、これからの4週間は、技術が向上するでしょう。

子どもについては、我が子でも他の子でも、この時期は大きな関心事になります。

性的なロマンスについては、新たな恋が芽生える可能性があります。今月の官能的な新月を活用すれば、倦怠期のカップルも新鮮さを感じることができます。

瞑想のはじめに

日々の瞑想の前に、以下の言葉を自分にかけてください。

「私のインナーチャイルドは、心から楽しんでいます」

儀式

少しの間、大声で笑ってみてください。バカみたいだと思わないで、やってみてください！

するべきこと

- ベリーダンスを始めましょう。官能的な踊りなので第5ハウスと相性が良いです。
- 子どものためにおもちゃを作ってあげてください。
- 恋人を見つけましょう。
- あなたの恋人を冒険へ連れていってください。
- 短編小説を書いたり、絵を描いてみたりしてください。創造的なことなら何でも良いです。
- あなたが楽しめることをしてください。パーティーを開くのもお勧めです。

3つのアファメーション

この新月の期間とその後の4週間は、以下のアファメーションを繰り返しましょう。一つだけでも構いません。

①「人生は楽しいです」

②「私はインナーチャイルドを解放して楽しみます」

③「私は創造的な人間です。私はエネルギーに満ちています」

エッセンシャルオイル

シナモンは、あまり有名なオイルではありませんが、第5ハウスが扱うテーマと合っています。第5ハウスは官能的な雰囲気が漂っていますが、シナモンも媚薬です。また、シナモンは血糖のコントロールを助けます。あなたが楽しんで羽目を外していても、シナモンが、体調を整えてくれるのです。第5ハウスでは楽しむことが重視されますが、シナモンは、幸福感をもたらすオイルとしても知られています。

数字のエネルギー

5という数字は独立を意味します。そのエネルギーは常に活動中で、変化を求めています。まるで子どものようです。もちろん、子どもは第5ハウスのテーマです。あなたの子どもや、インナーチャイルドを抱きしめてください。

マントラ

今月のマントラは、ヴァーム（Vam）です。毎日、声に出して、または心の中で繰り返しましょう。シャワーを浴びている時、瞑想の前後、その他いつでも好きな時間に唱えてください。今月のチャクラを活性化させます。

3Dチャクラ

今月の3Dチャクラは、セイクラルチャクラです。これは、食物とセックスと関連したチャクラです。このハウスのテーマが、「楽しむこと」なのでそれも納得できるでしょう。自分が何を望んでいるか知ることが大事です。あなたが心から楽しいのはどんな時ですか。どんなことで気持ちが明るくなりますか。自分に楽しいひとときをプレゼントしてください。このチャクラの色はオレンジです。

5Dチャクラ

ソーラープレクサスチャクラは、虹色がかった金色をしています。このチャクラの素晴らしい点は、あなたの周囲のネガティブなエネルギーをすべて吸収して、変化させることです。また、あなたの自信を高め、最大の可能性を発揮することを助けます。自分を信頼していればいるほど、人は賢くふるまうことができます。

導く大天使

大天使ラジエルは、霊的な象徴、過去生、夢の解釈、神聖幾何学などの理解を助け、深い知識を教える大天使です。

タロットカードの「太陽」を思い出してみれば、大天使ラジエルと第5ハウスのつながりが分かるでしょう。ラジエルは、混乱や誤解のある場所に、光と理解をもたらすのです。大天使ラジエルにつながるためには、キャンドルを灯して、その名前を呼び、助けを求めてください。

「大天使ラジエル、私の光を輝かせる間、共にいてください。あなたの助けとガイダンスで、私は最大限の可能性を発揮することができます。ありがとう」

また、あなたの家に関してガイダンスが必要なら、ラジエルに頼みましょう。

導く女神

人生をあるがまま受け入れ、他人の批判を気にせずに夢を追いたいのなら、太陽の女神、メドゥーサに話しかけてください。誰かの気に障るのではないかと恐れずに、世界に光を照らしたいのなら、メドゥーサに話しかけてください。メドゥーサにつながるためには、その名前を呼び、助けを求めてください。

普遍的な法則

今月の法則は、「原因と結果の法則」です。すべての物事には原因と結果があります。つまり偶然に起こることはないのです。人間の行動や考え一つ一つに対して、反応があります。「我々は、植え付けるものを収穫する」という言葉通りです。あなたはどう思いますか。今月、何か起こったら自分に尋ねてみてください。

聖なる光線

第5光線はオレンジ色で、マスター・ヒラリオンが司り、サン・ジェルマンによって守護されています。この光線は、アセンション、霊的な成長、魂の進化などを司ります。また、高度なレベルで科学の発展を助けます。3次元のこの世界で、私たちの人生と魂が融和するように助けています。

あなたの第6ハウスに新月（または日食）がある場合

第6ハウスの意味：日々の仕事と健康

テーマ

日々の仕事・健康的な習慣。

予測できること

日々の習慣や仕事を変える機会。

望むと良いこと

他の人を助けたい。

イメージすること

良い習慣を始め、継続している自分の姿。

心に留めるべき言葉

「健全な体に健全な魂が宿る」と言われますが、本当に体と心はつながっています。体と心の健康に取り組みましょう。あなたの体をすっきりと整え、清々しい気持ちで暮らしてください。

メッセージ

あなたの体と心、あなたの幸福に焦点が当たっています。これまで自分のケアを怠っていた人には問題が起こるかもしれません。でもそれは、あなたがするべきことに注意を引くためです。

スポーツジムに加入したり、先延ばしにしていた運動を始めたりしましょう。健康のために、禁煙したり、食生活を改善したりしましょう。

また、この時期には、日々の仕事に焦点が当たります。新月を活用して、これからの12か月間の目標を確認してください。

瞑想のはじめに

日々の瞑想の前に、以下の言葉を自分にかけてください。

「健康でいることが、一番の優先事項です」

儀式

日記の翌週のページを眺めて、祝福してください。

するべきこと

・スポーツジムのメンバーシップを更新してください。あるいは再開しましょう。ジムに行きたくないのなら、ウォーキングか、ヨガをしましょう。体を動かすことなら何でも良いです。

・あなたの食生活を見直してください。

・第6ハウスは、他人への貢献を意味します。誰かに手を貸してあげましょう。

・仕事で心配なことがあれば、あなたの上司と話してください。

・ポジティブシンキングに関する本を読んでください。

・1か月の間、ヘルシーな昼食または夕食を取ってください。必ずです。

・瞑想を習慣づけましょう。

3つのアファメーション

この新月の期間とその後の4週間は、以下のアファメーションを繰り返してください。一つだけでも構いません。

①「私は、きちんとした生活をしています」

②「私は素晴らしい仕事をして、それに見合った報酬を受け取っています」

③「健康であることが最優先です。私は正しい方向へ進んでいます」

エッセンシャルオイル

自分を上手に表現できずに悩んでいる人や、単調な仕事に嫌気がさしている人は、希釈した少量のティーツリーオイルを、喉や手首の上に塗ったり、バスルームで使ったり、焚いたりしてみましょう。

数字のエネルギー

6という数は1から9までの数の中で最も調和した数字です。それは家と家族と愛を示し、優しいエネルギーを持っています。また、自分を犠牲にして人に尽くしたり、育てたり、保護したり、導いたりすることも示します。ですから、6という数字は、家族、親であること、母であることに関係しているのです。

マントラ

今月のマントラは、フーム（Hum）です。毎日声に出して、または心の中で繰り返しましょう。シャワーを浴びている時、瞑想の前後、その他いつでも好きな時間に唱えてください。今月のチャクラを活性化します。

3Dチャクラ

今月のチャクラは、再びスロートチャクラで、乙女座と水星と関わりがあります。あなたが順番通りにハウスとチャクラを巡っていくと、スロートチャクラのワークをするのは2回目になります。

スロートチャクラは、コミュニケーションと意志が主要なテーマであり、人生の目標達成のために学ぶことの大切さを伝えています。あなたの喉の底部で空色の光が回転している様子をイメージしてください。コミュニケーション技術の向上を、大天使に願ってください。

5Dチャクラ

ハートチャクラは、アセンションの時にあなたが5次元に移行できるように助けます。この純粋な白いチャクラは、愛を感じて、愛を表現する場所です。ハートチャクラは、第7ハウスと関連があると思った人がいるかもしれませんが、1年かけて12個すべての5Dチャクラの活性化に取り組むので、今月はハートチャクラのワークをしましょう。できれば、常にハートチャクラを意識してください。

導く大天使

大天使メタトロンは、魚座の大天使サンダルフォンと同様に、かつて預言者として地上に生きていました。メタトロンは、「神の筆記者」と呼ばれ、深遠な知識を伝えます。カバラの『ツリーオブライフ（生命の樹）』に書かれた最初の大天使でもあり、霊的な道を進み始めた人を助けています。

ですからメタトロンは、子どもたちが自分の霊的な才能を発見して、開花できるように助けています。また、ヒーリングやエネルギーの浄化に手を貸しています。メタトロンとつながるためには、キャンドルを灯してその名前を呼び、助けを求めてください。

「大天使メタトロン、人生のすべての面を浄化できるようにそばにいてください。あなたの助けとガイダンスで、私は大きな力を発揮することができます。ありがとう」

導く女神

セレスは、ローマの収穫の女神で、受胎と母親たちのケアを助けています。

収穫は大変な作業ですが、第6ハウスも、あなたに努力を促しています。また、健康にも関わりがあるので、健康上の問題があるならば、セレスに話しかけてください。あなたの食生活についてもガイダンスを求めてください。

普遍的な法則

今月考えるべき法則は、「補償の法則」です。これは成功哲学で有名なナポレオン・ヒルが提唱した黄金律です。私たちがしたことは、私たちに還ってくることを説いています。自分が蒔いた種は、自分が刈り取らなくてはいけないのです。ヒルは次のように述べました。

「あなたが与え始めると、受け取り始めます。補償の法則は、宇宙のすべてにバランスをもたらします」

聖なる光線

第6光線は藍色で、マスター・ラントが司り、サン・ジェルマンによって守護されています。この光線が表しているのは、見返りを求めない献身の心です。今月は、創造主のエネルギーが、あなたの体や現実の世界に存在することを実感してください。

第6光線は、あなたがハイヤーセルフとつながるように助けます。お香を焚いたり、ヨガをしたりすれば、つながりが深まるでしょう。

あなたの第7ハウスに新月（または日食）がある場合

第7ハウスの意味：あなたの愛情

テーマ

愛と結婚・人間関係・パートナーシップ・重要人物・友人・敵。

予測できること

愛情や人間関係の問題が起こるかもしれません。でも、それは問題を解決するためです。

望むと良いこと

すべての知人と素晴らしい関係を築くこと。

イメージすること

あなたが愛している人や、対立している人と向き合い、心を通わせる姿。

心に留めるべき言葉

「私はあなたであり、あなたは私です。私たちは一体です」

第7ハウスが注目するのは、親しい人たちとの関係です。でもここでは、すべての人が一体だという概念について考えてみましょう。エゴや相違を超越してください。人間関係を見直しましょう。

メッセージ

あなたの最愛の人（過去、現在、未来において）のことを考えてみましょう。すべての人間関係についても考えましょう。

あなたにパートナーがいるのなら、新鮮さを取り戻すためにはどうするべきか考えてみましょう。あなたは過去を手放す必要がありますか。恋愛技術についてどれくらい自信がありますか。現在恋人がいなくて、新たな出会いもなさそうなら、ブラインドデートに出かけてみましょう。あなたが過去に執着しているなら、前の恋人に電話してきちんと終わらせましょう（それが正しいと思えるならですが)。第7ハウスは、バランス、協力、正しい行いがテーマですので、恋人と良い関係を築きましょう。

瞑想のはじめに

日々の瞑想の前に、以下の言葉を自分にかけてください。

「もっと自信を持って愛することができるように、私は努力します」

儀式

愛する人に、手紙かメールを送りましょう。

するべきこと

・古いラブレターに目を通して、少なくとも一部を処分しましょう。

・あなたが独身で冒険心があるなら、オンラインデートを試してください。

・あなたのお母さんかお父さんに、愛情を長続きさせる秘訣を尋ねてください。

・パートナーに対して一途でいてください。

・前の恋人を傷つけた自覚があるならば、自分が間違っていたことを認め、謝罪してください。

・パートナーに求める資質のリストを作成してください。

・パートナーがいる人は、友人に誰か紹介してあげましょう。

3つのアファメーション

この新月の期間とその後の4週間は、以下のアファメーションを繰り返しましょう。一つだけでも構いません。

①「私はあなたを愛しています。私は自分のことも愛します」

②「私は人と良い関係を築くことができます」

③「私は、過去に縛られていません。人間関係の問題は、解決に向かっています」

エッセンシャルオイル

ハートチャクラを開くためには、ジャスミンが適しています。ハートチャクラのある胸の間に、希釈して塗りましょう。または、バスタブに入れたり、瞑想前に焚いてみたりしましょう。

数字のエネルギー

今月の数字は7で、真実の探求者や思想家を表します。すべての状況や人間関係の中に真実を探してください。表面に現れる姿は真実ではないかもしれません。探ってみましょう。

マントラ

今月のマントラは、ユーム（Yum）です。毎日声に出して、または心の中で繰り返しましょう。シャワーを浴びている時、瞑想の前後、その他いつでも好きな時間に唱えてください。今月のチャクラを活性化します。

3Dチャクラ

今月のチャクラは、ハートチャクラです。第7ハウスは、人との関わりを扱うからです。これは通常、恋人や元恋人との関係を指しますが、あなたの敵との関係を意味することもあります。瞑想の間はハートチャクラに集中して、鮮やかなエメラルドグリーンの光が回転している様子をイメージしてください。ハートチャクラを開き、愛を受け止めてください。

5Dチャクラ

今月は、ロイヤルブルーのスロートチャクラを活性化して、大切な人間関係の改善に努めましょう。あなたは正直な気持ちを伝えても大丈夫です。人は、あなたが本心を話していると分かります。きっと良い関係を取り戻せるでしょう。

導く大天使

大天使ジョフィエルは美を司っています。第7ハウスの扱うテーマを考えると、完璧な導き手と言えるでしょう。ジョフィエルは、私たちが愛のフィルターを通して他人を見るように助けています。これほど素晴らしいことがあるでしょうか。人間関係のガイダンスが必要なら、大天使ジョフィエルに話しかけてください。ジョフィエルとつながるためには、キャンドルを灯して、その名を呼んでください。

「大天使ジョフィエル、私のそばにいてください。あなたの助けとガイダンスで、私の公私にわたる人間関係に調和が生まれます。ありがとう」

導く女神

ラクシュミは、愛、富と美しさを司るヒンドゥー教の女神です。「ラクシュミ」という名は「ラクシャ」というサンスクリット語の言葉に由来していて、目的やゴールという意味です。物質的、精神的な豊かさを求める人を助ける女神でもあります。ラクシュミは、大変人々に愛されている女神です。その姿をプリントして、ラクシュミに話しかけてください。

普遍的な法則

今月の法則は、有名な「引き寄せの法則」です。類は友を呼ぶという意味です。私たちは、人生の出来事や人間関係を創造しています。あらゆる考え、感情、言葉、行動に引き寄せの法則が働きます。ポジティブなものもネガティブなものも、同類のエネルギーを引き寄せます。

聖なる光線

第7光線はレディ・ポルシャが司り、サン・ジェルマンによって守護されています。この紫色の光線は、人間の意識を高めています。第7光線は、「光の覚醒の光線」と呼ばれることもあります。あなたが眠りにつく時には、紫色の光をイメージしてください。

あなたの第8ハウスに新月（または日食）がある場合

第8ハウスの意味：官能性と共同財産

テーマ

他人のお金・他人のお金があなたのお金と結びつくこと。

予測できること

あなたの経済面に何か新しい要素を取り入れる。

性生活に新鮮さを取り戻す。

望むと良いこと

もっと多くのお金。充実した性生活。恐れを克服すること。

イメージすること

あなたがお金持ちだったら何をしますか？　想像してください。

理想の性生活のイメージについてはご自由にどうぞ！

心に留めるべき言葉

あなたの資金計画は順調ですか。今後の支払いはきちんとできそうですか。もしそうでなければ、今、対策を講じましょう。

メッセージ

金銭面のアドバイスをしてもらいましょう。経済の基本を理解するために、ビジネス・セミナーを週末に受講しましょう。

第8ハウスが扱うのは、暗くて、深く、少し倒錯したセックスです。性生活に何か問題があるのなら、今月対処しましょう。

瞑想のはじめに

日々の瞑想の前に、以下の言葉を自分にかけてください。

「私は、経済的な問題に真剣に取り組みます」

儀式

- 一番セクシーな洋服を着て街に出てください。

するべきこと

- ローンを清算してください。あるいは、良いローンを組んでください。
- 預金用の口座を開いて、さっそく預金しましょう。
- 経済的余裕がなければ、クレジットカードを解約してください。
- 勤務先に昇給をお願いしましょう。（ただし、見込みがありそうな場合だけです！）
- 条件が良ければ、ローンの借り換えをしましょう。
- パートナーとセクシーな会話をしてください。
- ベッドで新しい体位を試してください。

3つのアファメーション

この新月の期間とその後の4週間は、以下のアファメーションを繰り返しましょう。一つだけでも構いません。

①「私は、物質的に満たされています」

②「私の経済的なニーズは満たされています」

③「私の性生活は充実しています」

エッセンシャルオイル

ミルラは、私たちが心を開いて、豊かさを受け取ることができるように助けてくれます。ミルラを使って、自分には受け取る準備ができているか確かめてください。

数字のエネルギー

8は、経済的な豊かさと安定を示しますが、カルマも意味します。私たちは蒔いたものを刈り取るのです。第8ハウスは、共有財産のハウスでもあるので、誠実な取引をしましょう。あなたがお金のためにできること、できないことについて考えてみましょう。8はスピリチュアルな数でもあります。

マントラ

今月のマントラは、ヴァーム（Vam）です。毎日声に出して、または心の中で繰り返しましょう。シャワーを浴びている時、瞑想の前後、その他いつでも好きな時間に唱えてください。今月のチャクラを活性化します。

3Dチャクラ

セイクラルチャクラは、創造性、食物、セックスを司ります。このチャクラを整えるために、あなたのへそと足の付け根の中間あたりで、オレンジの光が回転している様子を想像してください。

5Dチャクラ

第3の目（サードアイ）は、すべてを見通す目で、隠された嘘や恐れを発見することができます。サードアイチャクラは、透明感のある淡い緑をしています。このチャクラを活性化しましょう。今の次元を超えて見ることができ、自分をエネルギー体として捉えることができるでしょう。

導く大天使

大天使ジェレミエルは、7人の主要な大天使の1人です。ジェレミエルは、地上での人生を終えたばかりの魂を導いています。人は亡くなると、これまでの人生を振り返り、自分の行いや学びについて考えるのです。しかし、人生を振り返るのは今でも可能です。ジェレミエルに話しかければ、あなたを助けてくれるでしょう。ジェレミエルは恐れを知りません。

導く女神

この時期、私たちは恐れと向き合わなくてはなりません。女神カーリーは、怖い顔をして、攻撃的で、ドクロを持つヒンドゥーの女神です。カーリーは、恐れに関してあなたを助けます。人生から、ネガティブな考え方や人々を手放すことができるように頼みましょう。あなたはエゴを捨て、魂を解放することができるでしょう。

普遍的な法則

「エネルギーは永遠に変化し続ける法則」は、私たちには人生を変える力があることを説いています。私たちは、恐れや制限があるという思い込みを克服する必要があります。特に、自分自身に対する否定的な考えを手放すべきです。ヨガ、合唱、瞑想をしてあなたのバイブレーションを上げてください。高いバイブレーションは、低いバイブレーションを変化させます。純粋な性的エネルギーも、大きな影響をもたらします。

聖なる光線

第8光線は、アクアマリンのような青緑色で、レディー・ナダによって守護されています。この光は、霊的な浄化と魂の進化を促すので、第8ハウスと調和するのです。第8ハウスは、自分のきれいでない部分に焦点を当てます。バイブレーションを上げるためには、ヒーリングと浄化が必要です。第8光線は、第4、5、7光線から構成されており、ほんのり白く光っています。

あなたの第9ハウスに新月（または食）がある場合

第9ハウスの意味：自分を客観的に見つめる

テーマ

冒険・旅行・自己啓発。

予測できること

旅行・勉強・インターネット・出版・宇宙の探求。

望むと良いこと

人生を大局的に見て、感謝の気持ちを思い出すこと。

イメージすること

休暇であなたが行ってみたい場所。

心に留めるべき言葉

私たちは神聖な存在です。第9ハウスは、霊的な探求と関わりがあります。第9ハウスの惑星である木星も同様です。このハウスに関係するクラウンチャクラは、天とのつながりを示しています。

メッセージ

新月によって照らされている第9ハウスは、木星が支配星です。木星は拡大の惑星なので、あなたは、勉強、旅行、多くの経験をした人たちとの会話、自己啓発クラスの受講などを通じて心を開いてきたのでしょう。これからもさらに可能性を広げるチャンスがありそうです。

またこの時期は、あなたの信念について考えてみましょう。頑固なところがあるなら、子どもの頃の教えが染みついていて、自分の考えを構築することがなかったからかもしれません。あなたの考え方を変える人が現れるかもしれません。これは、固定概念を捨てるチャンスでもあります。

瞑想のはじめに

日々の瞑想の前に、以下の言葉を自分にかけてください。

「人生は冒険です。私は自分の生き方が好きです。今月、私は～をします（決意することを入れてください）」

儀式

次の旅行の目的地を決めてください。部屋の壁にその場所の写真をかけて忘れないようにしましょう。

するべきこと

・世界を探求する方法を見つけてください。

・あなたのためになりそうな本を読んでください。

・自己啓発のクラスを受講してください。

・スピリチュアルな教師を見つけてください。

・自分が信じることと、信じないことについて考えてください。

・インターネットを通じて、外国の友人を作ってください。

・あなたの書いたものを出版してもらいましょう。

3つのアファメーション

この新月の期間とその後の4週間は、以下のアファメーションを繰り返しましょう。一つだけでも構いません。

①「私は、自分が幸せだと知っています」

②「人生は冒険です」

③「この世は私の思いのままです」

エッセンシャルオイル

サンダルウッドは、今の時期にぴったりなエッセンシャルオイルです。東洋の神聖なオイルとされるサンダルウッドは、霊的な意識を高め、魂の目的との調和を助けます。それは第9ハウスの主要なテーマです。サンダルウッドを使うと、深い瞑想に入りやすくなります。

数字のエネルギー

数字の9は理想主義を表します。これは良い意味と悪い意味の両方あります。理想主義者は、世界をより良くしようと高みを目指します。しかし、あまりに理想主義的だと、問題を引き起こすことがあります。この時期は、自分が理想主義者なのか考えてください。9という数は、最も寛容で高い意識を持つ数です。9という数のような人になってください。

マントラ

今月のマントラは、アー(Ah) です。毎日声に出して、または、心の中で繰り返しましょう。シャワーを浴びている時、瞑想の前後、その他いつでも好きな時間に唱えてください。今月のチャクラを活性化します。

3Dチャクラ

今月のチャクラは、クラウンチャクラです。それはすみれ色をしていて、頭の上に位置しています。クラウンチャクラは、私たちが神の一部であり、人間の経験をしている霊的な存在であることを知っています。私たちは皆、宇宙とつながっています。このチャクラを活性化するために、頭の上で回転するすみれ色の光を想像してください。

5Dチャクラ

5次元では、クラウンチャクラは金色がかった透明な色をしています。これは、千枚の花弁を持つ睡蓮のチャクラであり、それが開くと、宇宙の神秘や、他の生き物たちすべてとつながります。

導く大天使

大天使ラギュエルにとって、人生はパーティーです。ラギュエルという名には友人という意味があり、とても社交的な天使なのです。ラギュエルは平和と調和をもたらし、対立を解消します。大天使ラギュエルとつながるためには、キャンドルを灯してその名前を呼びましょう。

「大天使ラギュエル、私が精一杯に人生を送る間、私と共にいてください。あなたの助けとガイダンスで、私は大きな理想を描くことができます。ありがとう」

導く女神

フォルトゥナは、運命とチャンスの女神です。古代ラテンのことわざには、「運命の女神フォルトゥナは、リスクを負う人を応援する」とあります。ですから、あなたが多少リスクを冒すことがあるなら、フォルトゥナを呼びましょう。また、旅行や、勉強についても相談すれば、助けてくれるでしょう。幸運を味方につけられるように、頼んでください。

普遍的な法則

「相対性の法則」は、すべては相対的であり、ただ「その状態にある」と説いています。他人には、あなたより優れている部分があるでしょう。あなたにも特別な才能があるのと同じです。他人と比べないでください。あなたはただ自分自身と比べてください。何か比較対象がない限り、良いものと悪いもの、熱いものと冷たいもの、白いものと黒いものは存在しないという概念を理解しましょう。

聖なる光線

第9光線は青緑色で、知識の宝庫を管理しています。誰かを愛する時に私たちは喜びを感じます。その愛の形は、恋人、家族、友人への愛と様々です。愛は私たちを霊的な目覚めへ導き、浄化します。第9光線は、第1光線と第2光線と白色の光から構成されています。

あなたの第10ハウスに新月（または日食）がある場合

第10ハウスの意味：あなたのキャリア

テーマ

あなたのキャリアと評価。

予測できること

仕事で成長する機会。

望むと良いこと

仕事を通じて他人を助けること。

イメージすること

何かの道で専門家になり、その仕事について語る自分の姿。

心に留めるべき言葉

世界にあなたの足跡を残したい、何かを成し遂げて有名になりたいと望むことは当然です。あなたが良い親になりたい、良い友人になりたい、あるいは目に見える形で何かを残したいのなら、高い理想を持ちましょう。

メッセージ

この新月は、キャリア志向の人たちには重要です。この月の主要なテーマが仕事だからです。新しい仕事を始めるのに絶好の時期です。あなたの努力が報われるでしょう。昇進の可能性も大いにあります。たとえ昇進しなかったとしても、今後の数か月であなたの実績が認められるでしょう。理想の自分を描いてください。あなたはゴールに向かって進んでいますか。もしそうでなければ、どのように軌道修正できますか。

瞑想のはじめに

日々の瞑想の前に、以下の言葉を自分にかけてください。

「努力は私に、末永い成功をもたらします」

儀式

あなたの理想の仕事の内容を書いてみましょう。毎日それを読んでください。

するべきこと

- あなたの現状について、上司に報告してください。
- あなたの同僚が仕事で行き詰まっていたら、助けてあげてください。
- 地位に執着し過ぎないようにしましょう。
- 新しいビジネスは、新月になったらすぐに始めましょう。

・自信を持って新しい仕事に応募してください。
・あなたの努力によって手にした成功なら、自分の手柄にしてください。
・次のキャリアプランを練ってください。

3つのアファメーション

この新月の期間とその後の4週間は、以下のアファメーションを繰り返しましょう。一つだけでも構いません。

①「私は順調にキャリアアップしています」
②「成功することは素晴らしいです」
③「計画が首尾よく進んで嬉しいです」

エッセンシャルオイル

ローレルを使ってみましょう。バスタブに入れたり、焚いてみたりしましょう。仕事の集中力、あなたのモチベーションや自信を高めます。

数字のエネルギー

10という数字は、それぞれの桁を足すと1になります。これはあなたがトップになる可能性を示しています。また、フリーや自営で働いたりすることも勧めています。しかし、極端に一匹狼タイプの人は、新月の力を借りてそれに対処しましょう。

マントラ

今月のマントラは、ラーム（Ram）です。毎日声に出して、または心の中で繰り返しましょう。シャワーを浴びている時、瞑想の前後、その他好きな時間に唱えてください。今月のチャクラを活性化します。

3Dチャクラ

ソーラープレクサスチャクラを整えましょう。ここは、あなたの輝きが発せられる場所です。また、ホロスコープの頂点に位置する第10ハウスは、キャリアや野心を示し、あなたが功績を残して名を成す場所です。

5Dチャクラ

頭の上部と後ろには、かすかに白く光るコーザルチャクラがあります。チャクラが正常に回転していると、心が穏やかになります。このチャクラが開いた時に、私たちはインスピレーションを受け取ります。このチャクラの素晴らしい点は、人生が混乱している時や、仕事のストレスが多い時も、私たちを落ち着かせることです。瞑想をすると、このチャクラが活性化します。

導く大天使

大天使アズラエルは、何かを喪失して悲しみに沈む人を癒します。

仕事で悩みがあるなら、アズラエルに助けを求めましょう。心の重荷を下ろせば、来年の今頃には、仕事の状況も改善されるでしょう。大天使アズラエルにつながるためには、キャンドルを灯して、その名を呼んでください。

「大天使アズラエル、私が努力をしている間、共にいてください。あなたの助けとガイダンスで、私は大きな可能性を発揮することができます。ありがとう」

導く女神

女神ユーノーは、時間と約束の女神です。プライベートでもビジネスでも、約束を守ることは成功に必須ですが、ユーノーはその点であなたをサポートします。この能力は華やかさに欠けると思われていますが、混沌とした現代社会において、ユーノーを意識することは価値があります。良い人間関係を築くためには労力が要ります。

何か約束をしたら、必ず守りましょう。

普遍的な法則

今月の法則は、「二極性の法則」です。地球上のすべての領域には二極性、つまり正反対の二つがあるという法則です。二極性は、何かの両極端、またはスペクトルの両端のことです。例えば、温度は冷たいものから熱いものまであり、寸法は短いものから長いものまであり、物事はオンまたはオフであり、何かは内側か外側にあります。あなたが今いる場所で不幸なら、そのスケールの中で、あなたが幸せになれる場所まで移動してください。あなたが望まないことに集中しないでください。

聖なる光線

今月の光線は、第1、2、4光線が合体したもので、真珠っぽい金色をしています。これはレディー&マスター・アンドロメダが司り、光線の責任者によって守護されています。この光線は、人間の魂が成長し、創造主と一体となることを助けています。また、内面的な変化を望む人々に手を貸しています。

あなたの第11ハウスに新月（または日食）がある場合

第11ハウスの意味：友人関係

テーマ

友人と社会的ネットワーク・あなたの希望や夢。

予測できること

願いが叶うこと・友情を育むこと。

望むと良いこと

あなたが望むことなら何でも！

イメージすること

望みが叶うこと。友人に囲まれている自分の姿。

心に留めるべき言葉

独りで人生を歩む必要はありません。この本を読んでいるなら、あなたの魂は成長しています。外出して友人を作ってください。第11ハウスには、「誰も孤独ではない」という意味があります。

メッセージ

今月注目すべき点は2つあります。一つは、あなたの希望と夢です。太陽があなたの第11ハウスを通過する時、あなたが夢を実現する力は拡大します。ですから、何を望むかよく考えてください。それは本当に叶いそうだからです。

もう一つは、あなたの友人やあなたが属しているグループです。あなたは自分の置かれた立場に満足していますか。あなたのニーズは満たされていますか。そうでなければ、どのように改善できますか。新しい友人もできそうです。

瞑想のはじめに

日々の瞑想の前に、以下の言葉を自分にかけてください。

「友好的な人は、友好的な人を引き寄せます」

儀式

あなたの家でパーティーを開きましょう。これも儀式なのです。お客さんを温かくもてなしましょう。

するべきこと

- 何か習ってみたいことはありますか。その講座の夜間クラスに申し込んでください。
- 友人に、その友人をあなたに紹介してくれるように頼んでください。

- 1か月間、毎晩星に祈ってください。
- 幼馴染をあなたの友人に紹介してください。
- ほとんど毎日顔を見るのに、これまで話したことのない人に挨拶してください。
- あなたの親友に感謝しましょう。

3つのアファメーション

この新月の期間とその後の4週間は、以下のアファメーションを繰り返しましょう。一つだけでも構いません。

①「私は、すべての生命につながっています」

②「私は友人たちを愛しています。友人たちも私を愛しています」

③「私の夢が思い通りに実現しています」

エッセンシャルオイル

フランキンセンスの成分には、脳を保護する血液脳関門を通過して、松果体に酸素を送ることができる物質が含まれています。松果体は、脳にある小さい腺で、フランスの哲学者ルネ・デカルトはそれを「我々の魂の中心地」と呼びました。「第3の目」だと考える人もいます。

数字のエネルギー

今月の数字は11です。これは大変パワフルなエネルギーを持ち、正しい行いや、人生の進むべき道を表しています。この数は、すべてを手にすることと、すべてを失うことの紙一重のところにあります。今月は、11に注目して、あなたの人生の金メダルを目指してください。数字の11は、世界にはチャンスがあふれていることを教え、大胆に夢を追いかけることを後押ししています。

マントラ

今月のマントラは、オーム（Om）です。毎日声に出して、または心の中で繰り返しましょう。シャワーを浴びている時、瞑想の前後、その他いつでも好きな時間に唱えてください。今月のチャクラを活性化します。

3Dチャクラ

願い事をする時には、直感の声をよく聞いてください。夢の実現を疑うなら、実現することはないでしょう。今月のチャクラであるサードアイチャクラ（第3の目のチャクラ）は、直感やサイキック能力を示します。サードアイが眉の間で回転している様子をイメージしましょう。チャクラの色は、美しい藍色です。

5Dチャクラ

ソウルスターチャクラは鮮やかなマゼンタ色で、先祖と家族のカルマが保存されている場所です。このチャクラが開くと、カルマによる遠回りを避けることができます。ソウルスターチャクラは、霊的な成長とアセンションも促します。自分を聖なる光で満たしましょう。このチャクラがあなたの頭上で回転している様子をイメージしてください。

導く大天使

大天使ウリエルは、周囲に知恵を伝える賢い大叔父のような存在です。映画「スター・ウォーズ」のヨーダを思い出してください。いつも周囲の人に何かを教えたがっています。ウリエルにつながるためには、キャンドルを灯してその名を呼び、援助を求めてください。

「ウリエル、私は友情を大切に、人々とつながるようにします。

私と共にいてください。あなたの助けとガイダンスで、私は、コミュニティの一員として大きな貢献ができます。ありがとう」

導く女神

女神イシスは、幅広い領域を守護する有名な女神です。彼女は裕福な人、偉人、善人、純粋な人と共にいます。また、奴隷、罪人、アーティスト、虐げられた人にとっての友人でもあります。イシスは人々の心を開く方法を知っています。あなたがもっと多くの人と知り合いたいなら、いつでもイシスに声をかけてください。キャンドルを灯して、イシスと話しましょう。

普遍的な法則

「リズムの法則」は、地球には特定のリズムがあることを説いています。そのリズムが、地球の生命のリズムを確立します。例えば、季節、潮の満ち引き、月の満ち欠け、女性の月経のサイクル、人間の発達段階などです。『キバリオン』という本によると、私たちが感情の揺れや変化を体験し続けるのもこの理由からです。

占星術の父と呼ばれるヘルメス・トリスメギストスの影響を受けたマスターたちは、この法則を理解することで、感情の揺れをコントロールすることができるとアドバイスしています。

聖なる光線

ピンクがかったオレンジの第11光線は、第1、2、5光線が組み合わされたものです。これは観音菩薩が司り、光線の管理者によって守護されています。この光線は、私たちの魂が神と女神に融合するプロセスを助けています。また物事の実現化には愛のエネルギーが大切であることを教え、私たちを愛と英知に導きます。男性性と女性性のバランス調整も担っています。

あなたの第12ハウスに新月（または日食）がある場合

第12ハウスの意味：秘密

テーマ

あなたの秘密・プライベートな姿。

予測できること

2、3週間、日常生活から離れてリラックスする。

望むと良いこと

心の平和を得る。

イメージすること

自分が宇宙と一体化して、ピンク色の泡に包まれている姿。

心に留めるべき言葉

瞑想の時間を作りましょう。生命を育む太陽があなたの星座に滞在していた時から、1年が経とうとしています。あなたは、近頃少し疲れを感じているかもしれません。この1年を振り返り、次の年に何を望むか考えましょう。来月には太陽があなたのアセンダントを通過して、あなたの第1ハウスに戻ってきます。

メッセージ

占星術の本に、「あなたの夢を信じましょう」などと怪しげなことが書いてありましたか？　でもそれは、まさしく私が伝えたいことです。新月はあなたの第12ハウスにありますが、このハウスは夢や秘密など怪しげなものと関係しているのです。第12ハウスは、秘めた自分、あなたの影と無意識の自分を意味します。

夢を信じることは良いことです。第12ハウスの月は、深く探求するべきことを表面化させます。ヨガや瞑想にも適した時期です。ヨガをすると、体を鍛えながら自分の内側に入っていくことができます。意味がよく分からなかったら、瞑想またはヨガのクラスに参加してみてください。

一つのサイクルが終わりました。あなたの人生で要らないものを手放して空間を作りましょう。

瞑想のはじめに

日々の瞑想の前に、以下の言葉を自分にかけてください。

「私の夢は、私を導くガイドです」

儀式

あなたの恐れていることをリストにして、それを燃やしてください。

するべきこと

✦ヨガ行者のように、体を曲げたポーズをしましょう。

✦社会の歯車から抜け出す時間を作ってください。

✦ベッドの横に携帯電話を置いて、目が覚めた時に夢の内容を口述して録音しましょう。

・あなたが一番恐れていることに向き合ってください。なぜ怖いのか考えれば、正しく対処できます。

・直感を信頼してください。

・瞑想用のCDを買って、1か月間毎日それを聞いてください。

・あなたの思いを詩にしてください。

・あなたの秘密を一つ打ち明けてください。

3つのアファメーション

この新月の期間とその後の4週間は、以下のアファメーションを繰り返しましょう。一つだけでも構いません。

①「私は、ノーと言っても大丈夫です」

②「私は、心の平和を保ちます」

③「私は、今、恐れを手放します」

エッセンシャルオイル

第12ハウスは、恐れや否定的なものと関連しています。ラベンダーは、恐れ、不安、神経の高ぶりを癒してくれます。月が第12ハウスにある時は、リラックスに努めましょう。

数字のエネルギー

今月の数は、12または3で、知恵を表しています。太陽と月は、あなたの出生チャートの12ハウスすべてで合いました。12か月前にサイクルが始まって以来、あなたは大きな成長を遂げました。12または3は、タロットの女帝（カードの3番）と吊るされた男（カードの12番）に関連しています。この新月のサイクルは、新しいことを始める時期でありません。流れるように生きる時期です。休み、回復してください。来月は、新しい冒険を開始できるでしょう。

マントラ

今月のマントラは、アー(Ah) です。毎日声に出して、または心の中で繰り返しましょう。シャワーを浴びている時、瞑想の前後、その他いつでも好きな時間に唱えてください。今月のチャクラを活性化します。

3Dチャクラ

今月のチャクラは、すみれ色のクラウンチャクラです。第12ハウスは、神秘やスピリチュアルなものを扱いますが、頭上にあるクラウンチャクラも、あなたを神秘的な宇宙につなげます。クラウンチャクラは宇宙意識の中心地で、私たちを英知へ導きます。クラウンチャクラは、聖なる知恵が流れ込む扉であり、インスピレーションや幸せをもたらします。チャクラがあなたの頭上で、すみれ色の冠のように回転する様子をイメージしましょう。

5Dチャクラ

ステラゲートウェイチャクラは、あなたのオーラの上部にある、金色がかったオレンジ色のチャクラです。それは、天の愛とアカシックレコードの暗証番号を受け入れる聖餐杯のようです。あなたが輝きを放つために、宇宙からあなたへ注がれる光を受け取ってください。私たちは万物の源とつながっています。

導く大天使

大天使サンダルフォンのエネルギーは、ソフトで穏やかであり、その声は注意していないと聞き逃してしまいそうです。サンダルフォンに助けを求めたら、偶然耳にする歌の歌詞に注意しましょう。あなたに伝えたいメッセージが含まれているかもしれません。サンダルフォンにつながるためには、キャンドルを灯してその名を呼び、ガイダンスを求めてください。

「大天使サンダルフォン、私は過去の1年を振り返ります。私と共にいてください。あなたのおかげで、私は可能性を存分に発揮することができます。ありがとう」

導く女神

観音菩薩は、その慈悲深さで大変有名な女神です。観音菩薩を女性の理想とする文化もあります。人間を助けるため、観音菩薩は安息を控えたと言われます。観音菩薩は、聖なる母のエネルギーを持った女神です。

普遍的な法則

「ジェンダーの法則」は、あらゆるものに、男性と女性のエネルギーがあると説いています。そうやって創造がなされるのです。動物界において、ジェンダーの法則は性行為として現れますが、本当はもっと深いものです。すべてに陰陽という考えがあり、宇宙はジェンダーの法則のもとに創られました。自分自身と宇宙を知るために、あなたは男性と女性の両方のエネルギーを活用しないといけません。あなたの性別は関係ありません。そうして、あなたは神や女神と共同創造することができます。

聖なる光線

第12光線はパラス・アテナが司り、光線の責任者とロード・マイトレーヤによって守護されています。この金色の光線は、キリスト意識を広めて定着させています。第12光線は、すべての光線と白い光の組み合せであり、金色に輝いています。

まとめ

あなたは、新月とワークするために必要な知識をすべて学びました。このセクションで学んだことをまとめましょう。

- **新月と波長を合わせることは、夢と願望の実現を促進します。**
- **全12のサインを通る新月が意味すること。**
- **あなたにとって、全12ハウスを通る新月が意味すること。**

FAQs 新月について

Q 私は、各サインやハウスに関係のある願い事をしないといけませんか？

A 新月が滞在中のサインやハウスの特徴に合わせて、願い事をする必要はありません。毎月、好きなことを望んでください。しかし、各サインやハウスに関する願い事も加えると良いでしょう。その願い事は叶いやすくなっているからです。そうすれば1年後に、あなたは人生のすべての分野について、願い事をしたことになります。あなたの星座やハウスは、すべての領域をカバーしているからです。

Q 私の個人的な新月というものはありますか？

A あなた個人の新月は1か月に1回、月があなたの太陽の上を通過する時に現れます。月は、あなたの星座（あなたの太陽星座）に2日と少し滞在します。あなたが水の星座（蟹座、蠍座、魚座）なら、この時期は感情的になりやすいです。しかし概してみれば、この新月が良い目安となります。自分のことや新月の願い事をチェックしてください。実現化のプロセスが順調に進んでいるか確かめましょう。

あなたの個人的な新月の時期を知るためには、デイリームーン

（新月や満月以外の日々の月）を意識する必要があります（Part 4をご覧ください）。新月があなたの誕生サインに移動する時期を知っておきましょう。例えば、あなたが獅子座なら獅子座に、山羊座なら山羊座にといった具合です。そしてその後2日と少しの間は、あなたの個人的な新月となります。

Q 一つのハウスに2回、新月が現れることはありますか？

A 通常、一つのハウスに新月が1回現れます。第1ハウスに年に1回、第2ハウスに年に1回という具合です。2か月の期間で、一つのハウスに2回新月が現れることも、まれにあります。それは、ハウスが司る分野に改善が必要だというメッセージかもしれません。あるいは、その分野で努力してきたあなたに、待望のチャンスが再び訪れるという意味かもしれません。

Q 願い事をするために、特に良い新月はありますか？

A はい、あります。第11ハウスは、希望と願望を司っています。新月の願い事であればさらにパワーが加わります。また、新月の食があなたの第11ハウスで起こったら、その効果は4倍になります。

タイミングに関して言えば、毎月、新月の願い事をしてください。必然的に、新月があなたの第11ハウスを訪れる時にも願い事をすることになります。あなたにとって願い事が叶いやすい新月がすぐ分かるように、早見表を次ページに載せています。必ず毎月、願い事は忘れずにしましょう。

自分のアセンダントを知らない場合は、あなたの誕生サインを使っても構いません。

＊願い事をする時に、下記のリストが手元になかったら、あなたの星座かアセンダントの2つ前の新月だと覚えておきましょう。

あなたにとって願い事が叶いやすい新月

あなたの星座かアセンダント		願いが叶いやすい新月	
♈	牡羊座か 牡羊座のアセンダント	♒	水瓶座の新月
♉	牡牛座か 牡牛座のアセンダント	♓	魚座の新月
♊	双子座か 双子座のアセンダント	♈	牡羊座の新月
♋	蟹座か 蟹座のアセンダント	♉	牡牛座の新月
♌	獅子座か 獅子座のアセンダント	♊	双子座の新月
♍	乙女座か 乙女座のアセンダント	♋	蟹座の新月
♎	天秤座か 天秤座のアセンダント	♌	獅子座の新月
♏	蠍座か 蠍座のアセンダント	♍	乙女座の新月
♐	射手座か 射手座のアセンダント	♎	天秤座の新月
♑	山羊座か 山羊座のアセンダント	♏	蠍座の新月
♒	水瓶座か 水瓶座のアセンダント	♐	射手座の新月
♓	魚座か 魚座のアセンダント	♑	山羊座の新月

Q もし、新月が私の誕生日に当たる場合はどうなりますか？

A あなたの誕生日に新月が来るのなら、素晴らしい発展と変化が待ち受けているという意味です。あなたに新たなエネルギーが注がれているような感じです。新月があなたの誕生日、またはその直前に現れたら、あなたのチャートの太陽に新月があるということです。あなたが生まれた日に太陽は同じ場所にありました。

これはわくわくする出来事で、これから素晴らしい1年を過ごすヒントとなります。もし、あなたの誕生日に新月の食が起こるのなら、それは3倍の効果があります！

Part 3

満月の魔法とワークする

満月は、月のサイクルの頂点です。
自分の内側に向き合うのに適した時期です。
内側を見つめ、癒され、ブロックを取り除き、
過去を手放すワークをしましょう。
これをあなたの新しい習慣にしましょう。

CHAPTER 6

満月の許しと感謝

満月は、月のサイクルの最終段階だとされています。当然ながら、月のサイクルはそこで終わるわけではありません。少なくとも現在の時点では終わっておらず、満ち欠けを繰り返しています。満月は、月のサイクルのクライマックスです。満月が近づくにつれ、エネルギーはどんどん高まっていきます。そしてついに…バン！と爆発するのです。満月の激しさの後には、宇宙のため息がほっともらされます。この時期、私たちは自分の現状を見つめるように促されています。それは強制に近いかもしれません。ですから、満月の時期には気持ちが不安定になりやすいのです。

ピークに達した満月の時期には、古いものを手放さないといけません。過去の嫌な出来事や怒りのせいで蓄積された、低いエネルギーを手放すのです。あなたが陥ってしまったネガティブなパターンも手放しましょう。好ましくない考え方、習慣、生き方、人々から離れてください。最高点に達して、手放し、白紙の状態になる時間です。要らないものは手放すべきです。罪の意識、恐れ、失望、嫉妬などは、あなたの望む結果をもたらしません。

この時期は、あなたの内側のワークをしましょう。内側を見つめ、ヒーリングをして、ブロックを除去し、過去を手放しましょう。満月は最も明るい状態なので、私たちの闇に光を照らします。それは私たちの奥深くにあり、通常は見えないのです。

満月はまた、私たちが抱えるジレンマを表面化させます。ホロスコープの片方に太陽があり、その反対側に月があります。するとバランスが崩れているものが姿を現すので、調和させないといけません。

最近あなたは働き過ぎていますか？　満月は、仕事の量を調整するようにと促します。出費が多いですか？　満月は、少し財布の紐をしめるように忠告します。他人に与え過ぎですか？　満月の時期には、受け取ることも思い出してください。

許しが実現化に不可欠な理由

新月の願い事をして夢を実現するためには、誰かに対して抱く悪意や怒りを手放す必要があります。そういう仕組みになっているのです。ですから、満月の時期は、許しと感謝のワークをしてください。以下のようなネガティブな感情に対処するために、満月を活用しましょう。

- 否定的な感情
- 恐れ
- 怒り
- 口論
- 落胆
- 揉め事
- 不正

知らずに負ってしまったカルマを解放するために、あなたは許さなければなりません。それは、自分を許すことかもしれませんし、他人を許すことかもしれません。難しいですか？　実はそれほどでもないのです。

あなたが地球に生まれ変わる前に、魂の契約を交わしたと想像してください。あなたの魂はこの人生を歩む間に成長を遂げたいのです。ですから他の魂たちと刺激をし合い、時には苦しみながらも教訓を得るという契約を交わしたのです。

ですから、もし誰かがあなたを怒らせて、ありとあらゆる方法であなたの心を揺さぶり、あなたを試そうとするのなら、その人とは、生まれる前に魂の契約をしたのだと思ってください。この怒りから、あなたは何を学びますか。これはただの嫌がらせではなく、あなたを進化させるための計画なのだと考えてください。分かりましたか。教訓を得たら、あなたは先に進むことができるのです。

これ以上の転生をしなくてもすむほど進化するために、地球に生まれたことが理解できたら、あなたはもっと真剣に問題に向き合おうとするでしょう。あなたを悩ませているその人物が、実はあなたの教師なのです。あなたに対して失礼だった人物も、教師だったのです。あなたに意地悪をした学校の先生も、もちろん教師だったのです。あなたの恋人や前の恋人、そして去っていったあの人も教師でした。あなたの子どもはもちろん、あなたの教師です。

ですから、月に一度、満月が現れたら、人生の師について考えてください。彼らが私たちにしたことを許しましょう。それは魂の契約だったのです。相手がそれに気づいているかどうかは関係ありません。

怒りは苦しみしか生み出さず、有毒な作用があります。仏陀の言葉をあなたに送ります。

（ペマ・チョドロンの言葉だという説もあります）

「怒りにしがみつくことは、自分が毒を飲んで、相手が死ぬのを期待するようなものだ」

満月のタイミング

私のウェブサイトでは、満月の日がいつなのかを調べることができます。ただし、満月は必ずしも夜に現れるわけではありません。ある日は午前10時だったり、またある日は午後3時だったりと、いつでも起こり得るのです。満月の許しの儀式をするのは、満月の後よりも、前の方が良いでしょう。

www.moonologybook.com/moondates

誰かを許す方法

自分が無力だと感じて絶望しているよりは、怒っている方がまだましだと思うかもしれません。しかし、怒りを、あなたが健全な状態に戻るための踏み石だと考えてください。あなたが全く怒っていない状態になることを目指すのです。

すっきりと怒りを水に流すことができる場合もあります。許すことは何とかできても、忘れられないという場合もあるでしょう。そして、許すことはできるが、忘れるべきではないという場合もあるでしょう。私たち人間は、誰もが間違いを犯します。皆、自分の中で葛藤しているのです。

繰り返しますが、誰かを許したからといって、その人の行為を正当化するわけではありません。それは、あなたがその問題に正しく対処して、先へ進めるようになったという意味です。あなたが誰かに怒っていたり、冷たくしたり、素直になれない時は、私たちの正常な機能が停止した状態で、怒りのエネルギーを発しています。そして、これが今後の人生に悪影響を及ぼします。引き寄せの法則を思い出してください。類は友を呼ぶのです。

ですから、私たちが怒っていると、悪い気を発しています。許す時は、美しく純粋な気を発していて、この方が、夢の実現がずっと簡単になります。

満月の許しの儀式

満月の夜に、（満月がいつなのか知るためには、先ほどの「満月のタイミング」をお読みください）10分ほど静かに座りましょう。あなたが怒りを感じる人を許してください。あなたの気に障る人がいるなら、自分のネガティブな感情を許し、彼らに愛を送ってください。

それから以下の手順を踏みましょう。

①浄化を促す深い呼吸をしてください。呼吸をしながら、すべてのストレスや心配事を解放してください。

②あなたが手放したい習慣、思考パターン、考え、怒りなどについて考えてください。それを紙に書きましょう。表現することが大事なので、好きなだけ書いてください。あなたは気持ちを吐き出す必要があるのです。

③次に、あなたを怒らせた人のことを考えてください。子どもの頃に戻って、あなたに嫌なことをした人のことを考えても良いです。同じ紙に、その名前と彼らの行いを書いてください。必要なだけ書きましょう。これで許しのリストが完成しました。

④目を閉じて、順番にその人たちの顔を思い浮かべてください。ピンクの泡で彼らを包みましょう。ピンクは愛の色です。彼らがあなたに微笑んでいる様子をイメージしてください。相手との間に良い感情を生み出してください。心の中で、または、声に出して、こう言いましょう。

「私はあなたを許します」

彼らを泡に包んだまま流してください。

⑤満月の許しとカルマの解放を実践するため、以下の言葉を唱えてください。

「満月の下で、私は、過去と現在の許しが必要なことをすべて許します。

私は、前向きな気持ちで人を許します。自分の過去の過ちも許します。

宇宙は愛です。私は愛され、愛によって生きています。

愛が人生のバランスを整えています。私はこれを理解して、心の平和を得ます」

以下の言葉を付け加えても良いでしょう。

「私は、私のすべての考え、信条、人間関係に、愛と癒しを注ぎます。

私はレッスンを学んで、前に進みます。私の魂のかけらが、満月によって浄化され、私のもとに戻ってきますように。私は自分とすべての知人に愛を送ります。
　この素晴らしい満月の下で私は癒されます。私の人生は癒されます」

⑥キッチンシンクの横など、火事の危険のないところに立って、許しのリストを燃やしてください。この儀式は、怒りを愛に変換させるエネルギーを発します。

感謝の大切さ

満月の許しの儀式をして、あなたは怒りを解放しました。空いたスペースには、何か代わりのものを入れる必要があります。そのスペースは感謝で埋めるのが理想です。あなたのバイブレーションは高まり、大きな幸福感を感じるでしょう。そうすることで、新月の願い事も叶いやすくなるのです。

感謝の儀式

なぜ感謝をすると、実現化の可能性が高まるのでしょうか。それは、感謝の気持ちがエゴを封じ込めてしまうからです。エゴは、実現化を疑う気持ちを呼び覚まします。

感謝の儀式の方法を説明しましょう。

①あなたが心から感謝をする少なくとも3人の人、場所、状況、ものなどについて考えてください。感謝をしましょう。体でそれを感じてください！

②あなたが感謝している人や物事のリストを書きましょう。

③書き終わったら、感謝のリストを燃やします。この時期には、

あなたにとって不要なものを手放しましょう。

④最後に次の言葉を唱えましょう。

「私は、自分が祝福されていることを知っています。

それを胸に刻んで、これからの人生を歩みます」

CHAPTER 7

満月を活用して人生計画を立てる

満月の許しと感謝を実践することは素晴らしいです。しかし、月の熱烈なファンの方にとっては、満月の時期に、まだするべきことがあります。新月と同じように、満月も黄道帯の各サインに毎月現れます。そして、ご存じのように、サインによってバイブレーションやテーマは異なります。満月の時期の高まる感情を利用して、自分に質問をしてみましょう。

各サインに滞在する満月の手引き

下記の手引きは、私たち全員に当てはまるものです。満月が特定のサインに滞在中は、独自の雰囲気を帯びるからです。それはあなたの誕生サインやアセンダントとは関係ありません。

この手引きを活用するために、まず、次のサイトをご覧ください。

www.moonologybook.com/moondates

次の満月はいつなのかを調べましょう。それから私のウェブサイト（www.moonology.com）で、その満月がどのサインに入るのか見つけてください。

それからこの本に戻り、満月のエネルギーを活用するために必要な情報を読みましょう。

この手引きには、以下の項目があります。

・満月の時期に自分に尋ねる5つの質問。

・各サインに滞在する満月からのメッセージ。

・調整が必要とされる人生の領域。

　満月の時、太陽と月は天空の正反対に位置しています。それが何か緊張を引き起こす可能性があるのです。

・満月の夜に行う「許しの儀式」と「感謝の儀式」について。

　（158ページと160ページを参照してください）

各サインを通過する満月についての説明は、満月の月食の場合も同じです。それぞれの満月が持つテーマを覚えておいてください、そして、もし満月の月食の場合は、その効果は2倍になります。Chapter 6（158ページと160ページ参照）に記載の、満月の許しと感謝の儀式の効果も増大します。食は、月にエネルギーを補給するからです。満月は激しいのですが、満月の食はさらに激しいのです。

♈ 牡羊座の満月（または月食）

牡羊座の満月は、牡羊座、双子座、獅子座、天秤座、射手座、水瓶座生まれの人にとって特に幸運です。しかし、それ以外の人には試練もあります。

エネルギーの特徴

火のように激しい・向こう見ず。

5つの質問

①私は、無謀だったり、自己中心的だったり、論争好きでしたか？

②急ぎ過ぎたり、衝動的だったりしましたか？

③軽率だったり、無遠慮だったり、競争心が強過ぎたりしましたか？

④他人の気持ちに配慮しましたか？

⑤私は、十分楽しみましたか？

メッセージ

人生は、レースでも競争でもありません。

バランスを取る

あなたが求めていることと、あなたのパートナーや親友が求めていること。

許す

158ページの「満月の許しの儀式」を行ってください。許しのリストを書き、それを燃やしましょう。

感謝する

160ページの「感謝の儀式」を行ってください。感謝のリストを書き、それを燃やしましょう。

♉ 牡牛座の満月（または月食）

この満月は、特に牡牛座、蟹座、乙女座、蠍座、山羊座と魚座生まれの人にとって特に幸運です。しかし、それ以外の人には試練もあります。

エネルギーの特徴

現実的で安定している。

5つの質問

①私は、怠惰だったり、我がまま過ぎたりしませんでしたか？

②お金やステータスに執着し過ぎていませんでしたか？

③頑固だったり、嫉妬深かったり、所有欲が強かったりしましたか？

④食べ物に慰めを求めていませんでしたか？

⑤十分な運動をしましたか？

メッセージ

人生に再び活力を注ぎましょう。

バランスを取る

あなたの気持ちと、人生において実際に行動できること。

許す

158ページの「満月の許しの儀式」を行ってください。許しのリストを書き、それを燃やしましょう。

感謝する

160ページの「感謝の儀式」を行ってください。感謝のリストを書き、それを燃やしましょう。

双子座の満月（または月食）

この満月は、牡羊座、双子座、獅子座、天秤座、射手座、水瓶座生まれの人にとって特に幸運です。しかし、それ以外の人には試練もあります。

エネルギーの特徴

変わりやすい・気まぐれ。

5つの質問

①私は、人の噂ばかりしたり、表面的だったり、気まぐれだったりしましたか？

②他人の感情を軽視しませんでしたか？

③すぐに気が変わったり、落ち着きがなかったりしましたか？

④言葉巧みに、人を言いくるめたりしませんでしたか？

⑤視野を広げるために、十分な読書をしましたか？

メッセージ

ペースを緩めて、他人と真摯に向き合ってください。

バランスを取る

すべてを知りたい気持ちと、実際に勉強の時間を作ること。

許す

158ページの「満月の許しの儀式」を行ってください。許しのリストを書き、それを燃やしましょう。

感謝する

160ページの「感謝の儀式」を行ってください。感謝のリストを書き、それを燃やしましょう。

蟹座の満月（または月食）

この満月は、牡牛座、蟹座、乙女座、蠍座、山羊座、魚座生まれにとって特に幸運です。しかし、それ以外の人には試練もあります。

エネルギーの特徴

依存的・愛情を求める。

5つの質問

①不安のあまり何かに執着していて、楽しむ時間が足りなかったのではないですか？

②欲しいものに向かって正当な方法で努力せずに、横から手に入れていましたか？

③拗ねたり、感情的だったり、くよくよしたり、人に対して操作的だったりしましたか？

④秘密主義で、被害妄想気味でしたか？

⑤家族と十分に時間を過ごしましたか？　あるいは親しい人々と、一緒の時間を過ごしましたか？

メッセージ

自分に自信を持ってください。

バランスを取る

目標を成し遂げることと、家庭で充実した時間を過ごすこと。

許す

158ページの「満月の許しの儀式」を行ってください。許しのリストを書き、それを燃やしましょう。

感謝する

160ページの「感謝の儀式」を行ってください。感謝のリストを書き、それを燃やしましょう。

獅子座の満月（または月食）

この満月は、牡羊座、双子座、獅子座、天秤座、射手座、水瓶座生まれの人にとって特に幸運です。しかし、それ以外の人には試練もあります。

エネルギーの特徴

明るく、誇り高い。（プライドは高過ぎるかもしれません！）

5つの質問

①自己中心的過ぎたり、自我が強かったり、プライドが高すぎたりしましたか？

②周囲の人を支配しようとしていませんでしたか？

③尊大だったり、虚栄心が強かったり、強引だったり、大げさだったりしましたか？

④十分に自分を表現していましたか？

⑤自分のことを大切にしましたか？

メッセージ

獅子座の満月の時期には、謙遜という言葉を思い出してください。

バランスを取る

友人が必要とするものと、あなたが必要とするもの。

許す

158ページの「満月の許しの儀式」を行ってください。許しのリストを書き、それを燃やしましょう。

感謝する

160ページの「感謝の儀式」を行ってください。感謝のリストを書き、それを燃やしましょう。

♍ 乙女座の満月（または月食）

この満月は、牡牛座、蟹座、乙女座、蠍座、山羊座、魚座生まれの人にとって特に幸運です。しかし、それ以外の人には試練もあります。

エネルギーの特徴

気難しい・心配性。

5つの質問

①自分や他人に対して厳しく、あら探しばかりしていませんでしたか？

②謙遜し過ぎて、自分のことを過小評価していませんでしたか？

③今月は他人に貢献しましたか？

④心配したり、不満ばかり口にしたりして、ネガティブなエネルギーを引き寄せていませんでしたか？

⑤詳細にきちんと注意を払いましたか？

メッセージ

他人を助けることは大切です。

バランスを取る

地に足をつけることと、夢を見ること。

許す

158ページの「満月の許しの儀式」を行ってください。許しのリストを書き、それを燃やしましょう。

感謝する

160ページの「感謝の儀式」を行ってください。感謝のリストを書き、それを燃やしましょう。

天秤座の満月（または月食）

この満月は、牡羊座、双子座、獅子座、天秤座、射手座、水瓶座生まれの人にとって特に幸運です。しかし、それ以外の人には試練もあります。

エネルギーの特徴

人間関係とパートナーシップに注目する。

5つの質問

①外見のことばかり気にしていませんでしたか？

②他人のことを考え過ぎていて、自分を蔑ろにしていませんでしたか？

③他人に影響されやすかったり、騙されやすかったり、優柔不断だったりしませんでしたか？

④他の誰かに依存し過ぎて、自分の人生を送っていなかったのではないですか？

⑤より美しい生活をするために、十分な時間を費やしましたか？

メッセージ

人生の美を見つけてください。

バランスを取る

あなたが必要なことと、他人を幸せにするために必要なこと。

許す

158ページの「満月の許しの儀式」を行ってください。許しのリストを書き、それを燃やしましょう。

感謝する

160ページの「感謝の儀式」を行ってください。感謝のリストを書き、それを燃やしましょう。

蠍座の満月（または月食）

蠍座の満月は、牡牛座、蟹座、乙女座、蠍座、山羊座、魚座生まれの人にとって特に幸運です。しかし、それ以外の人には試練もあります。

エネルギーの特徴

激しい。

5つの質問

①私は、嫉妬深かったり、復讐心を持ったり、疑い深かったり、悪意のある行動をしていませんでしたか？

②喜びよりも恐れに集中していましたか？

③くよくよ考えたり、暗い気持ちになったりしていましたか？良い面よりも悪い面に注目していませんでしたか？

④残酷だったり、ずるかったりしましたか？

⑤自分のことを良く思えるようなセックスをしていましたか？（もちろん、セックスを必要としない人もいます！）

メッセージ

官能性を取り戻しましょう。

バランスを取る

強烈さと、怠惰な幸福感。

許す

158ページの「満月の許しの儀式」を行ってください。許しのリストを書き、それを燃やしましょう。

感謝する

160ページの「感謝の儀式」を行ってください。感謝のリストを書き、それを燃やしましょう。

♐ 射手座の満月（または月食）

射手座の満月は、牡羊座、双子座、獅子座、天秤座、射手座、水瓶座生まれの人にとって特に幸運です。しかし、それ以外の人には試練もあります。

エネルギーの特徴

楽しい。ほっとする。

5つの質問

①私は軽薄過ぎたり、不注意だったり、無責任なほどのんびりしていましたか？

②気が散ったり、退屈したりして、自分に失望していませんでしたか？

③傲慢なほど自信過剰だったり、説教好きだったりしましたか？

④損をすることを恐れて、約束恐怖症でしたか？

⑤広い視野を持っていましたか？

メッセージ

人生は冒険です。立ち止まらないでください！

バランスを取る

自分の気持ちを伝えることと、余計なことまで話すこと。

許す

158ページの「満月の許しの儀式」を行ってください。許しのリストを書き、それを燃やしましょう。

感謝する

160ページの「感謝の儀式」を行ってください。感謝のリストを書き、それを燃やしましょう。

♑ 山羊座の満月（または月食）

山羊座の満月は、牡牛座、蟹座、乙女座、蠍座、山羊座、魚座生まれの人にとって特に幸運です。しかし、それ以外の人には試練もあります。

エネルギーの特徴

抑制されている。委ねる。

5つの質問

①私は、冷酷なほど野心的でしたか？

②私生活に支障が出るくらい、仕事に執着していましたか？

③頑固だったり、強情だったり、他人に厳しかったりしましたか？

④心より頭で考えていましたか？

⑤きちんと人生計画を立てていましたか。あるいは、計画し過ぎ

ていましたか？

メッセージ

すべてを、自分の意のままにしようとしないでください。

バランスを取る

仕事と家庭のバランスを取る。

許す

158ページの「満月の許しの儀式」を行ってください。許しのリストを書き、それを燃やしましょう。

感謝する

160ページの「感謝の儀式」を行ってください。感謝のリストを書き、それを燃やしましょう。

水瓶座の満月（または月食）

水瓶座の満月は、牡羊座、双子座、獅子座、天秤座、射手座、水瓶座生まれの人にとって特に幸運です。しかし、それ以外の人には試練もあります。

エネルギーの特徴

変化と進歩。

5つの質問

①現実的になり過ぎて、人生のロマンスを見失っていませんでしたか？

②頭で考え過ぎず、心で感じていましたか？

③自分のやり方を通そうとしていませんでしたか？

④人々と仲良くなろうと無理していませんでしたか？　その理由

は間違ったものではないですか？

⑤今月は進歩しましたか？

メッセージ

離れて、手放す時期です。

バランスを取る

八方美人でいることと、真の関係を築くこと。

許す

158ページの「満月の許しの儀式」を行ってください。許しのリストを書き、それを燃やしましょう。

感謝する

160ページの「感謝の儀式」を行ってください。感謝のリストを書き、それを燃やしましょう。

魚座の満月（または月食）

魚座の満月は、牡牛座、蟹座、乙女座、蠍座、山羊座、魚座生まれの人にとって特に幸運です。しかし、それ以外の人には試練もあります。

エネルギーの特徴

郷愁的。ほのかな憧れ。

5つの質問

①私は、夢見がちで、物事をきちんとやり遂げなかったり、愚かな間違いをしたりしませんでしたか？

②私は、繊細で傷つきやすかったですか？

③私は、被害者のようにふるまっていましたか？　他人に簡単に

惑わされていませんでしたか？

④毎日瞑想していましたか？　もししていないのなら、してみませんか？

⑤直感を意識していましたか？　夢を追い求め、予感を重視していましたか？

メッセージ

魚座の満月は非常に神秘的です。あなたの内側とつながってください。

バランスを取る

心の平和を求めることと、あなたの果たすべき義務。

許す

158ページの「満月の許しの儀式」を行ってください。許しのリストを書き、それを燃やしましょう。

感謝する

160ページの「感謝の儀式」を行ってください。感謝のリストを書き、それを燃やしましょう。

CHAPTER 8

満月を活用して未来を予測する

あなたのアセンダントが分かり（www.moonologybook.com/freechart）、満月が位置するサインが分かり（www.moonology.com）、あなたのハウスが分かったら（94～95ページの表を見てください）、その満月が、あなた個人にとってどんな意味を持つかが分かります。満月はハウスを移動していくからです。

各ハウスに滞在する満月の手引き

各ハウスに滞在中の満月があなたに与える影響について、いくつかの項目に分けて解説します。

- 満月が入るハウスに応じたメッセージ。
- 感情的になりやすい分野。

  満月の時期は感情的になりやすいので、それぞれのハウスで注意するポイントを説明します。
- 各サインに満月が入っている時と同じように、各ハウスに満月が入っている時も、対立するエネルギーが発生します。それに対処して、バランスを取る必要があります。

・満月の時期には、あなたにとって不要になったものを手放しましょう。満月が入っているハウスによって、手放すべきものが異なります。
・満月の時、太陽と月は反対の位置にありますが、これがある種のジレンマを引き起こすことがあります。満月の入るハウスを知って起こりそうな問題を予測し、対処しましょう。
・満月の時に唱えるマントラ。
・満月の時に唱えるアファメーション。

あなたの第1ハウスにある満月（または月食）

第1ハウスの意味：あなたが世界に示している自己イメージ

今後の2週間は…

プライベートや仕事で転機がありそうです。

感情的になりやすい分野

自分の外見について気にし過ぎたり、人間関係に緊張が生じたりします。これは大きな転機になるかもしれません。

メッセージ

他人のことに一生懸命になるのはとても立派です。しかし、自分のことにも集中してください。

多くの人は、受け取る量より与える量の方が多いのです。それは良いことだとされていますが、人生の自然な流れを乱してしまいます。第1ハウスに満月がある時には、素直に助けを受け取りましょう。この時期は感情的になりがちですが、問題から逃げずに向き合わないといけません。

手放すべきこと

自分の外見についてのこだわりを手放しましょう。外見のことなど小さな悩みだと思われていますが、自分が太り過ぎとか、痩せ過ぎだとか悩むことは、あなたの人生に非常に悪影響を及ぼします。外見ばかり気にしていると、積極的に外の世界に出て、自分の可能性を発揮できなくなるからです。自分について、少なくとも1つか2つ、素晴らしい点を見つけてください。自分の見た目について、他に嫌いな点があっても関係ありません。あなたが愛することだけに集中してください。その良さを強調し、大いに楽しんでください。第1ハウスの満月はとても重要な月です。あなたが今後の12か月に持って行きたいもの、手放したいものを見極めてください。今は、非常に感情的になりやすいです。

ジレンマ

あなたの望むことvs.大切な人々が望むこと。

バランスを取る

恋人、パートナー、以前の恋人、その他あなたの大切な人たちと、自分自身とのバランスを見つけましょう。これまで、他人のことにかかりきりだった人は、自分に注意を向けましょう。その反対に、これまで自分中心だった人は、他の誰かのために時間を使いましょう。バランス調整の対象は、あなたと他者です。半年後に訪れる第7ハウスの満月の時にも、同じことを促されます。あなたは年に2回、調整をするチャンスがあるのです。

許す

自分自身を許しましょう。

感謝する

感謝のリストを書き、燃やしましょう。

マントラ

今月のマントラは、ラーム（Ram）です。毎日声に出すか、心の中で繰り返しましょう。シャワー中、瞑想の前後、その他好きな時間に唱えましょう。

アファメーション

満月の夜に、次の言葉を唱えましょう。

「私は転機を迎えています」

あなたの第2ハウスにある満月（または月食）

第2ハウスの意味：あなたのお金・所有物・価値

今後の2週間は…

経済的な問題が生じても、落ち着いて解決方法を探してください。

感情的になりやすい分野

お金に関する不安・自分の価値。

メッセージ

自分のために使うお金と、他人のために使うお金のバランスが取れていないかもしれません。あなたの収入と負債について考えてください。自分の価値と、それに対して他人が払う対価について考えましょう。それは法外な要求でなければ、ほぼあなたが要求する額となります。

今は、高価な買い物をするのにも適した時期です。あなたにお金がなくて誰かに支配されているのなら、今が自由になれるチャンスです。

パートナーとの愛情を確かめ合うことも大切です。日々の生活にまぎれておろそかにしないようにしましょう。

手放すべきこと

お金に関する問題。第2ハウスが管轄しているのは、お金、資産と財産です。この時期には、お金に関わることで何かクライマックスを迎えたり、結論を出したりするのかもしれません。お金のことで不安だったら、それを解放するために満月のワークと次のページのアファメーションを行いましょう。次のサイクルが来れば、状況は改善されるでしょう。大切なことは、あなたの自己評価が高いほど、あなたはより多くのお金を引き寄せるということです。

ジレンマ

あなたのお金vs.他の人があなたに支払うお金や、あなたに借りているお金。

バランスを取る

ギブアンドテイクを心掛け、どんなことでもバランスを取りましょう。誰かに雇われるのではなく、主体的にお金を稼ぎたいのなら、独立する計画を練りましょう。関係を断ち切るのにも今は適しています。あなたが他人のことばかり考えたり、依存していたりするなら、自分のことを振り返りましょう。宇宙はすべての人に行き渡るほどの豊かさを与えてくれることを認めましょう。豊かさを感じてください。

許す

お金に関する問題について、自分自身を許しましょう。他に許すべき人がいれば許しましょう。

感謝する

感謝のリストを作成してください。

マントラ

この月のマントラは、ラーム（Lam）です。毎日、声に出すか、心の中で繰り返しましょう。シャワー中、瞑想の前後、その他好きな時間に唱えましょう。

アファメーション

満月の夜に、以下の言葉を唱えましょう。

「私の必要はすべて満たされます。私にはその価値があります」

あなたの第3ハウスにある満月（または月食）

第3ハウスの意味：コミュニケーション

今後の2週間は…

気づかぬうちに、あなたは多くのことを話しているでしょう。

感情的になりやすい分野

兄弟姉妹と隣人との関係。あなたは自分の正直な気持ちを伝えるべきか悩むかもしれません。

メッセージ

大脱走を夢見るのは楽しいです。一人で、あるいは愛する人と、広い世界や近くの田園地方を見に行こうと、あなたは出発するかもしれません。しかし、こまごまとした雑用は済ませましたか？　この時期は、家庭に関する仕事がありそうです。世話をしなくてはならないものや、やるべきことをチェックしないといけません。

また、あなたは自分を表現する必要があります。感情を抑え込んできた人は、今から表現し始めてください。その手段は様々です。

直接伝える方法、ソーシャルメディア、電子メールなど何でもよいのです。

きょうだいに関する問題に焦点が当たっています。近々、解決に向かうでしょう。

手放すべきこと

あなたのきょうだいや隣人とコミュニケーションに関する問題を手放しましょう。意見の相違がエスカレートしないように注意してください。長年にわたる問題や疑問を解決するために必要な情報が明らかになりそうです。

あなたが、紙、電子メール、メッセージ、ソーシャルメディアなどに書き込む内容に注意してください。感情に任せて、送信ボタンを押さないでください。後悔しないようにしましょう。きょうだいや隣人に関わる問題に焦点が当たりそうですが、許すことで解決に向かいます。覚えておいてほしいのは、何を言うかより、どのように言うかの方が大事だということです。

ジレンマ

あなたがいる場所vs.あなたがいたいと思う場所。

バランスを取る

あなたの家の裏庭と、外の広い世界とのバランスを見つけましょう。

また、法的な問題が進展したり、解決したりするかもしれません。疎遠になった友達や親せきと再び親しくなる可能性があります。旅行や、海外での仕事のチャンスがあるかもしれません。あなたはどこに住みたいですか。今の場所ですか。それとも他の場所ですか。

許す

ネガティブな言葉を口にしてしまった自分を許してください。何か気に障ることがあっても、隣人やきょうだいを許してください。

感謝する

感謝のリストを作成してください。

マントラ

今月のマントラは、フーム（Hum）です。毎日、声に出すか、心の中で繰り返しましょう。シャワー中、瞑想の前後、その他好きな時間に唱えましょう。

アファメーション

満月の夜に、以下の言葉を唱えましょう。

「私が愛を込めて自分を表現すれば、必要なものがすべて与えられます」

あなたの第4ハウスにある満月（または月食）

第4ハウスの意味：あなたの家庭と家族

今後の2週間は…

個人的な空間と時間に関して、家族が求めるものとあなたが必要とするものに注意してください。

感情的になりやすい分野

家族のことで感情的になりやすくなります。家族を祝福してください。

メッセージ

目的を達成するため、がむしゃらに働くことは称賛されています。しかし、物事にはすべて、ベストなタイミングと場所があります。第4ハウスに満月がある今、あなたの目標としていることと、あなたの本当の願いについてよく考えてください。

家族はあなたともっと一緒に過ごしたいのかもしれません。または、あなたにはひとりで心を無にする時間が必要なのかもしれません。あなたの家族との関係を見つめてください。問題があれば、そこにエネルギーを注ぎましょう。

手放すべきこと

私生活、家、家族に関すること。

家族に関する問題が起こるかもしれません。心の準備をしていましょう。でも、恐れる必要はありません。問題を解決する良い機会だと思ってください。家族とは、カルマ的なつながりがあり、問題が起こるのは私たちが進化するためです。

引っ越しをするのにも良い時期です。どこに住むのが一番良いのか分からない、あるいはどこをあなたの家と呼ぶべきか分からないのなら、大天使、女神、スピリットガイドに導きを求めてください。家に関わる問題は、解決に向かっています。

ジレンマ

仕事であなたが成し遂げたいことvs.あなたが家庭で求められている役割。

バランスを取る

あなたの私生活とキャリアのバランスを取りましょう。あなたは長時間働いていて、私生活やパートナーや友人のことは二の次になっているかもしれません。

あるいは、社会に貢献できる力があると思いながらも、家庭に留まっているのかもしれません。どちらにせよ、バランスを見つける時期です。野心を持つことと、家庭をうまく運営することは両立します。経済的に成功すれば、あなたの愛する人たちを甘やかすことができるからです。家族の存在は、仕事の大きな励みになります。

許す

家族や同居人に対する怒りを許してください。あなたの家を静かな聖域としてください。

感謝する

感謝のリストを作成してください。

マントラ

今月のマントラは、オーム（Om）です。毎日、声に出すか、心の中で繰り返しましょう。シャワー中、瞑想の前後、その他好きな時間に唱えましょう。

アファメーション

満月の夜に、以下の言葉を唱えましょう。

「私は無事で、安心しています」

あなたの第5ハウスにある満月（または月食）

第5ハウスの意味：楽しむ

今後の2週間は…

あなたは十分楽しんでいますか。楽しむのは良いことです。

感情的になりやすい分野

子ども（自分や他人の子ども）・あなたの恋愛・進行中のプロジェクトについて。

メッセージ

自己表現を示す第5ハウスに満月がある時は、感情が揺れ動く可能性があります。あなたは、気持ちをすべて吐き出したくなるかもしれません。悲しくて、自分の感情に圧倒されるかもしれません。

子どもたちと交流をして、喜びを感じる人もいるでしょう。

創造的なプロジェクトにエネルギーを注ぐ人もいるでしょう。そして、その間は自分と友人との間に良いバランスを見つけてください。友人を無視しないでください。これがあなたの課題です。

手放すべきこと

休みを取りましょう。この数週間、あなたは一生懸命に働きました。そろそろ、友人に注意を向けても良いでしょう。心の向きを変えて、社交をしましょう。そしてあなたが一番楽しんでください。

子どもに関する問題がピークに達するかもしれません。おそらく皆にとって良い解決が得られるでしょう。今、創造的なプロジェクトに関わっている人は、区切りの良いところまで終了するか、すべて仕上げてしまいましょう。

ジレンマ

あなたの友人が必要とすることvs.あなたが必要とすること。

自己表現、子ども、創造的なプロジェクトにおいても、ジレンマを感じる可能性があります。

バランスを取る

あなたが属する社会やグループの要求に応じることと、自分が中心となることのバランスを見つけましょう。自分が中心となるとは、自分を主張して、能力を発揮することです。多くの人と行動を共にしていれば安全です。でも今は、あなた個人をアピールする時期です。

もし、恋愛が終わりそうなら、タイミングとしては正しいです。これから始まりそうな恋愛は、月の満ち欠けのように感情が揺れ動くことが多いでしょう。

許す

あなたを疲弊させる人を許しましょう。自分は良い親ではないと認めていても、自分を許しましょう。それ以外でも、人生を深刻に捉え過ぎてしまった時は許しましょう。

感謝する

感謝のリストを作成してください。

マントラ

今月のマントラは、ヴァーム（Vam）です。毎日、声に出すか、または心の中で繰り返しましょう。シャワー中、瞑想の前後、その他好きな時間に唱えましょう。

アファメーション

満月の夜に、以下の言葉を唱えましょう。

「私は創造性豊かです」

あなたの第6ハウスにある満月（または月食）

第6ハウスの意味：日々の仕事と健康

今後の2週間は…

もっと穏やかに人生を送る方法を探してください。

感情的になりやすい分野

生計を立てるための仕事について。また、健康に対して不安を抱くことがありますが、根拠がない場合がほとんどです。

メッセージ

自己探求をしてきた人は、この時期に本当の自分に出会えるでしょう。自分の長所や短所がはっきり理解できます。そして、その弱点を克服しようとするでしょう。

日常生活に焦点が当たる時期です。

あなたは、健康的に生きていますか？

外に出て運動をしていますか？

煙草を吸って、パーティーばかりしていませんか？

自分のことに気を配りましょう。あなたの体、心、精神のケアが必要です。良い習慣を持つことはあなたのためです。仕事面では、「ゆっくり着実に」を心掛けてください。

手放すべきこと

悪い習慣を手放しましょう。第6ハウスは、毎日のリズムに焦点を当てています。これまでのあなたのやり方、人生の流れ、毎日の習慣に満足していないのなら、この満月に波長を合わせてください。新たな習慣を取り入れましょう。

特に、依存に陥っている不健康な習慣を止めてください。たっぷり水を飲み、十分な運動をしましょう。アルコールを控え、食べ過ぎにも注意しましょう。毎日の習慣は、健康に影響を与えます。そして、第6ハウスは習慣と健康を司っています。良い習慣を身に付ければ、健康状態も改善されるでしょう。

ジレンマ

現実世界で義務を果たすこと vs.心安らぐ時間を持つこと。

バランスを取る

毎日の単調な仕事と、神秘的な宇宙との間にバランスを見つけましょう。私たちには、引き受けなければならない責任や、避けることができない任務があります。一方、休息や、瞑想をする時間、平和や幸せを感じる時間も必要です。ただ宇宙に思いを馳せるような時間です。瞑想やヨガをすると、バランスを取りやすくなるのでお勧めします。

許す

あなたが毎日会う人の中には、少し煩わしい人もいるでしょうが、その人を許してください。その人にとっては、あなたも同じように煩わしい存在なのです。

自分自身のどんな不健康な習慣でも許してください。少しでも改善して、前に進みましょう。

感謝する

感謝のリストを作成してください。

マントラ

今月のマントラは、フーム（Hum）です。毎日、声に出すか、心の中で繰り返しましょう。シャワー中、瞑想の前後、その他好きな時間に唱えましょう。

アファメーション

満月の夜に、以下の言葉を唱えましょう。

「私は完全に健康体です」

あなたの第7ハウスにある満月（または月食）

第7ハウスの意味：あなたの愛情

今後の2週間は…

人間関係の問題が起こりそうです。

感情的になりやすい分野

あなたの恋愛。

メッセージ

もう少し身を引いて人に譲ることが必要かもしれません。あなたの配偶者、恋人、仕事のパートナー、友人、敵のことを考えましょう。自分を主張することは、タイミングによっては正しいのですが、今は他者に目を向けましょう。誰かがあなたの注意を引きたがっているのなら、対応してあげてください。

満月は終わりをもたらします。ですから友人関係、恋愛関係が終わろうとしているのなら受け入れてください。来るべき時期が来たのです。

手放すべきこと

恋愛関係の問題を手放しましょう。これは今の恋人との関係かもしれませんし、過去の恋人との関係なのかもしれません。カルマ的に言うと、私たちは他の人間を通して学びます。私たちの心を揺さぶる誰かを通して、自分を深く知ることができるのです。

ですから、素晴らしい恋愛をしていても、緊張した空気になることもあります。進化しつつある2つの魂が、厳しい局面を乗り越えながら愛を学んでいるからです。第7ハウスの満月は、期限切れとなった関係を終了させることを決意させます。そして、それで良いのです。私たちの人生に、短期間しか滞在しない人もいるからです。

ジレンマ

あなたが必要とするものvs.あなたのパートナー、上司、親友、その他の大切な人が必要とするもの。

バランスを取る

自分のことを大切にすることと、他人を思いやること。

第7ハウスの月は感情的で、あなたが大切な人についてどのように考えるかに焦点を当てます。この時期は、交渉スキルを身に付け、妥協点を探しましょう。恋人、パートナー、前の恋人、仕事のパートナー、敵との関係の問題は、解決させてください。この満月が応援しています。

▶ 許す

あなた以外のすべての人を許しましょう。自分のことも許しましょう。後悔している人間関係についても自分を許しましょう（信じられないかもしれませんが、そもそも間違いなどないのです。すべては理由があって起きています。すべては完璧で、そうならなければならなかったのです）。

▶ 感謝する

感謝のリストを作成してください。

▶ マントラ

今月のマントラは、ユーム（Yum）です。毎日、声に出すか、心の中で繰り返しましょう。シャワー中、瞑想の前後、その他好きな時間に唱えましょう。

▶ アファメーション

満月の夜に、以下の言葉を唱えましょう。

「私は愛されています。私は優しく素晴らしい人です」

あなたの第8ハウスにある満月（または月食）

第8ハウスの意味：官能性と共同財産

▶ 今後の2週間は…

セックスとお金について、あなたの気持ちを整理してください。

▶ 感情的になりやすい分野

あなたの性生活とお金。

メッセージ

あなたが人生で与えるものと、受け取るもののバランスを取ってください。どちらかに偏っているようなら調整しましょう。私たちが与え過ぎて、受け取らないでいると、スムーズに人生が流れていかないのです。あなたが受け取ろうとしないのなら、宇宙は豊かさをあなたに送ることができません。

この満月は、お金に関わる実際的なこと、例えば負債を清算して、請求書の支払いをするなどに適しています。また、性生活に情熱を取り戻すのにも良い時期です。

手放すべきこと

夢の人生の実現を阻むものを手放してください。

第8ハウスが扱っているのは、死と再生、改革と変化、税金などです。ここは重苦しい雰囲気があります。今このハウスに焦点が当たっているので、そのようなテーマが表面化します。

でも、心配しないでください。満月は少なくとも年に一度このハウスに入ります。あなたは毎年、深刻な思いをするわけではなさそうです。逆に、人間として変化する機会だと捉えてください。

ジレンマ

あなたのお金vs.あなたのお金が他人のお金に出合う場所。

バランスを取る

あなたの価値と、あなたが仕事で得る報酬。自分につける価値と、あなたに対する評価。

自営で稼ぐ立場と、誰かに給料を払ってもらう立場。

第8ハウスが活発になる時は、臨時収入や遺産が入る可能性もあります。このハウスはセックス面も司っていますので、その問題が起こるかもしれません。ただし、その後問題に対処したあなたは、前に進むことができるので悪いことではありません。

許す

何か度を越した行動をした人、あなたを傷つけた人、タブーを犯した人を許してください。お金のことで自分を責めているなら、自分を許してください。

感謝する

感謝のリストを作成してください。

マントラ

今月のマントラは、ヴァーム（Vam）です。毎日声に出すか、心の中で繰り返しましょう。シャワー中、瞑想の前後、その他好きな時間に唱えましょう。

アファメーション

満月の夜に、以下の言葉を唱えましょう。

「私は過去を捨てて、成長します」

あなたの第9ハウスにある満月（または月食）

第9ハウスの意味：自分を客観的に見つめる

今後の2週間は…

勉強、旅行、人生の探求に関する不安を手放してください。

感情的になりやすい分野

あなたの人生の目的地、人生哲学。

メッセージ

満月が第9ハウスに入る時は、進歩、宗教、哲学、出版、インターネット、旅行、勉強などに、あなたは関心を向けるでしょう。正直に答えてください。最近あなたは、直面している問題や仕事のことで大騒ぎしていませんでしたか。あなたは故意に何かを先延ばしにしていませんでしたか。一歩下がって大局を見ましょう。あなたが今いる場所と、これから行きたい場所を認識しましょう。

あなたの心と人生は拡大しようとしていますか。それとも縮小していますか。冒険を止めたのはあなたのせいです。今のあなたの世界にはない何かに挑戦してみると良いでしょう。

手放すべきこと

隣の芝生は青いのです。人生を大局的に捉えましょう。あなたは悩んでいて、そこから脱する方法を考えているかもしれません。自分に与えられた祝福に気づいてください。

あなたは今の場所に留まりたいのでしょうか。それとも離れたいのでしょうか。隣の芝生は本当に青いのでしょうか。

あなたが家にいるのなら、外国にいる誰かのことが気になるかもしれません。何が起こるか分からないのです。また、この時期、法律問題は自然に解決するか、少なくとも表面化するでしょう。

ジレンマ

留まることvs.離れること。家庭vs.社会生活。狭い考えvs.広い考え。

バランスを取る

あなたの考えと、あなたの信念の間のバランスを取りましょう。恐れや固定概念を手放して、宇宙には私たちより大きな力があることを受け入れましょう。様々な迷いや不安もあるでしょうが、そのタイミングが正しいのです。あなたの魂が成長して、世界を深く理解する機会です。視点を変えてみてください。

許す

心が狭い人々を許しましょう。心が狭かった人は、自分のことを許しましょう。

感謝する

感謝のリストを作成してください。

マントラ

今月のマントラは、アー(Ah) です。毎日、声に出すか、心の中で繰り返しましょう。シャワー中、瞑想の前後、その他好きな時間に唱えましょう。

アファメーション

満月の夜に、以下の言葉を唱えましょう。

「私は祝福されています」

あなたの第10ハウスにある満月（または月食）

第10ハウスの意味：あなたのキャリア

今後の2週間は…

仕事に関する問題を片付けましょう。

感情的になりやすい分野

キャリアと仕事の目標について。

メッセージ

あなたは自分に自信が持てず、ひっそり隠れていませんか。外へ出て、スポットライトを浴びる時期が来ました。家に引きこもっていたくても、第10ハウスの満月は、仕事にあなたのエネルギーを注ぐようにと伝えています。

最近、仕事で苦労した人も、どうか諦めないでください。失業した人、関わっていたプロジェクトが終了してしまった人もいるかもしれませんが、うろたえないでください。宇宙は空の状態を嫌うので、すぐに新しい何かが入ってくるはずです。

目標を叶えるために、あなたはどれくらい努力ができますか。仕事で輝きましょう。満月が、キャリアを司る第10ハウスに入る時、あなたはスポットライトの下に押し出されるのです。準備万端かどうかは関係ないのです。大きなプロジェクトが成功するのかもしれません。あなたのこれまでの努力が称賛されるでしょう。

一方、プロジェクトや仕事が終わろうとしているのなら、それは自然の流れであり、そういう運命にあったのです。あなたのキャリアについてどのように考えていますか。今後どんな仕事をしてみたいですか。

手放すべきこと

あなたの仕事の量が家庭生活へ及ぼす影響。

ジレンマ

家での義務vs.仕事で成功するために必要なこと。

バランスを取る

内側のあなたと、外側のあなた。仕事で成功したい人と、成功を求めていない人。

仕事とプライベートのバランスを取りましょう。家庭における義務のために、仕事に全精力を注ぐことはできなくなるかもしれません。

あるいは、あなたは仕事上で問題を抱えていて、プライベートが充実していないのかもしれません。いずれにせよ、バランスを見つけるチャンスが再度訪れました。

今、仕事の功績が認められる人もいるでしょう。もっと仕事を頑張る必要のある人もいるでしょう。

◗ 許す

仕事でミスをして、あなたに迷惑をかけた人を許しましょう。

自分のしたミスも許しましょう。

◗ 感謝する

感謝のリストを作成しましょう。

◗ マントラ

今月のマントラは、ラーム（Lam）です。毎日、声に出すか、心の中で繰り返しましょう。シャワー中、瞑想の前後、その他好きな時間に唱えましょう。

◗ アファメーション

満月の夜に、以下の言葉を唱えましょう。

「私は素晴らしい仕事を完璧にこなしています。私は大きな貢献をして、それに見合った報酬を受け取っています」

（このアファメーションは、『The Game of Life and How to Play It』という本からの引用です。この本は、1925年に形而上学者フローレンス・スコヴェル・シンによって書かれました。是非読んでみてください）

あなたの第11ハウスにある満月（または月食）

第11ハウスの意味：友人関係

◗ 今後の2週間は…

友人との間に問題が起こったら、真摯に対応してください。

◗ 感情的になりやすい分野

友情。まだ叶わない夢。

メッセージ

あなたは、自分のことや、自分の楽しみに集中したくなるでしょう。あなたは、クリエイティブな面で自己表現がしたいのかもしれません。是非そうしてください。人生は楽しまなくてはなりません。ただし第11ハウスの満月は、バランスを取るようにと告げていますので、他の人にも注意を向けてあげましょう。あなたが人に親切にすれば、良いカルマを積むことになります。そして友人関係の輪が広がります。

あなたは、どんなことを夢見ていますか。そして、その夢を応援してくれる人はいますか。満月は、優しい光をあなたの夢に注いでいます。あなたの欲しいものは手に入りそうですか。もしそうでなければ、それはなぜですか。

奇妙なことに、私たちは、夢が叶うことはないと知りながら、夢について語ることがあります。あるいは、もう興味を失ってしまったのかもしれません。この時期は、あなたのそんな思いを解放しましょう。

第11ハウスが管轄しているのは、友人やネットワークです。友人との関係はいかがですか。楽しく過ごしていますか。新しい友人を作りたいですか。友人に関連した問題は、この時期に起こりやすいです。落ち着いて対応しましょう。友人関係が終わろうとしているのなら、それは正しいタイミングです。

手放すべきこと

あなたが過去に望んでいたもの。叶いそうもない夢。あなたを苦しませる友人。

ジレンマ

本当のあなたvs.友人たち。

バランスを取る

自分のために必要なものと、あなたが友人のためにできること。

第11ハウスのテーマは、あなたが属している社会的なネットワークです。満月がこのハウスに入ると、少なくとも一人の友人があなたの関心を引きたがっています。

あなたは、友人に協力していますか。あなたに不満を持っている人はいますか。それともあなたの方が、誰かに不満を持っていますか。この満月の時期は、自分がしたいことと、グループがあなたに求めていることのバランスを取ってください。

許す

あなたを傷つけた友人を許しましょう。そして、その友人に対するあなたの態度も許しましょう。

感謝する

感謝のリストを作成してください。

マントラ

今月のマントラは、オーム（Om）です。毎日、声に出すか、心の中で繰り返しましょう。シャワー中、瞑想の前後、その他好きな時間に唱えましょう。

アファメーション

満月の夜に、以下の言葉を唱えましょう。

「私は友達に優しく接します。私は良い友人を引き寄せます」

「私の夢が叶っています」

あなたの第12ハウスにある満月（または月食）

第12ハウスの意味：秘密

今後の2週間は…

休息を取ってください。

感情的になりやすい分野

秘密の自分自身。

メッセージ

おそらく、あなたは最近とても忙しかったのでしょう。休みを取りたいと思うのも当然です。第12ハウスに満月が入ったら、休息を取りましょう。この時期少し憂鬱な気分になる人が多いのですが、それは忙しい日常生活に追われて疲れているからです。少し休みましょう。瞑想やヨガをしてください。あなたは、仕事と休息のバランスを上手に取る必要があります。

この満月は、あなたの軽率な行動のせいで破滅に陥りそうになった経験を、強制的に思い出させます。ただし、実際にはそうならなかったので安堵するでしょう。

第12ハウスは、残念ながら自己破壊のハウスとして有名です。皆、ホロスコープにこのハウスを持っています。そして私たちも、自分で自分を傷つけることがあります。しかし、第12ハウスは、あなたの行動を確認する貴重な機会でもあります。あなたは何を手放すべきかを知るでしょう。

手放すべきこと

あなたが抱えている秘密。

他人があなたにした行為を許してください。あなたが自分と他人にした行為を許してください。許すことをはっきり伝えても良いですし、密かに許すのでも良いです。

ジレンマ

生活を維持するためにするべき義務vs.心の平和。

バランスを取る

社会的な日常生活を送るあなたの外面と、ミステリアスで繊細で少し暗いあなたの内面のバランスを取る必要があります。自分の内面を隠さなくてはならないと思っている人もいるでしょう。または、両親などからそう言われてきたのかもしれません。この満月は、私たちの激しい感情を引き起こす可能性があります。

私たちは気が付けば、謝ってばかりいるかもしれません。このハウスは自分のしたことを取り消す性質があるからです。自分の気持ちを表現しないことは、自己破壊につながります。

この時期は、ひっそりと静養をするのが良いでしょう。そろそろ休みたくありませんか。自分の内側へ旅をして、魂の探求をしてみましょう。この満月は、大きな秘密を露わにしてしまうことがあります。感情的になりやすいので、自分に優しくしてください。翌月からはもっと穏やかな雰囲気になります。

許す

これまで、あなたが恥ずかしいと感じたどんなことも許しましょう。恥じることなど何もありません。皆、進化の過程にいるのです。これまでにあなたを傷つけた人を許してください。

感謝する

感謝のリストを作成してください。

マントラ

今月のマントラは、アー（Ah）です。毎日、声に出すか、心の中で繰り返しましょう。シャワー中、瞑想の前後、その他好きな時間に唱えましょう。

アファメーション

満月の夜に、以下の言葉を唱えましょう。

「自分のために、特別な時間を作ることが許されています」

まとめ

あなたは、満月とワークするために必要な知識をすべて知りました。これまであなたが学んだことをまとめます。

- 満月の時期が、許しに最適なタイミングである理由。
- 許すことが実現化に必須である理由。
- 感謝することが重要な理由。
  満月の時期に私たちはネガティブなものを手放し、その空間を感謝で埋めます。
- 12の各サインに滞在する満月が意味すること。
- 12の各ハウスに滞在する満月が意味すること。

FAQs 満月について

Q どうしても許したくない人がいる場合はどうすれば良いですか？

A 上記の質問を読者の方からいただきました。彼女を虐待してきた元夫のことを、許したくないと言うのです。もちろんその気持ちは理解できます。ただし、そのために彼女は前に進めずにいました。誰かを許すことは、その人の行為を正当化するわけではありません。それは、その行為から自分を解放するプロセスです。そうすれば、次の段階に進むことができます。許さないでいると、その人はあなたの人生にいつまでも居座り、悪影響を及ぼすからです。

Q 満月の時期に願い事をしても良いのですか？

A はい、新月の時期でも満月の時期でも、願い事をして良いのです。ただし満月は月のサイクルの頂点なので、その後はリラックスして、手放すことに専念した方が良いでしょう。理想としては、新月の時に願い事をして、満月に向かうその後の2週間で、夢の実現に取り組みましょう。とはいえ、満月に願い事をするのは、願い事を全然しないよりはずっとましです。

Q もし満月が私の誕生日に当たったら、どのような意味を持ちますか？

A 満月、あるいは満月の月食があなたの誕生日に当たる時は、1年先に転機が訪れることを示しています。あなたの時間と、あなたが他人のために割く時間のバランスを見つけましょう。この1年は、自分の感情に上手に対処することを意識しましょう。

Part 4

デイリームーンを意識する

月がどこにあるか常に知っていれば、
月に導きを求めることができます。
月を意識しながら日々を送りたい方には、
その時期にするべき活動や、
控えた方が良い活動があります。

CHAPTER 9

今宵の月はどこにありますか？

ここまで私たちは、新月と満月について学んできました。それ以外の月についてはどうでしょうか。日ごとの月（デイリームーン）も大事なのでしょうか？　ええ、もちろんです。

簡単におさらいをしてみましょう。太陽と月が、同じ時間に同じ場所に位置している時に、新月が起こります。そして、満月は、太陽と月が黄道の反対側に位置する時に起こります。月がそれ以外の場所にある場合はどうでしょうか。思い出してほしいのは、月はあなたのホロスコープの12のサインと12のハウスを、1か月かけて1周するということです。

デイリームーンがどこにあるか知るためには、私のサイトをご覧ください。

www.moonology.com

他の方法としては、月相のカレンダーのプログラムを利用しても良いでしょう。インターネットでダウンロードしたり、無料のソフトウェアをインストールしたりできます。astrowin.org

もし占星術に詳しい友達がいるなら尋ねてみるのも良いでしょう。

デイリームーンがどこにあるか分かったら、それが火、地、風、水の4つのエレメントのうちどれなのか調べましょう。

火：牡羊座、獅子座、射手座

地：牡牛座、乙女座、山羊座

風：双子座、天秤座、水瓶座

水：蟹座、蠍座、魚座

次にそれぞれのエレメントの特徴を知っておきましょう。

火：怒り、衝動的、情熱的

地：地に足のついた、実際的、安定性

風：おしゃべり、気まぐれ、知的

水：感情的、サイキック、神秘的

各サインに滞在するデイリームーンの手引き

感情の女王と呼ばれる月が、激しい火のサインにいる時は、さらに感情が激しくなるという意味です。このように、簡単にその日のエネルギーが把握できるのです。月が各サインを移動するということは、気分が変化するということです。そして、月は世界中で同じ瞬間にサインを移動します。

その後は、サインについての知識を、月に適用するだけです。例えば、牡羊座のエネルギーを帯びたデイリームーンは、牡羊座の新月のエネルギーと似ています。

さて、12宮の各サインにあるデイリームーンの時期に、どのように過ごすと良いかを説明しましょう。

♈ 牡羊座のデイリームーン

月が牡羊座にある時は、感情が高まりやすくなります。牡羊座は怒りの惑星である火星に支配されているからです。ですから、あなたが月に影響されて、思わず議論をし始めたら気を付けてください。2、3回深呼吸をしましょう。牡羊座の月のせいで冷静さを失わないでください。牡羊座の激しいエネルギーは、目的達成など建設的なことに向けるべきです。この月は衝動的なエネルギーに満ちているので、人は興奮しやすいのです。瞑想をして怒りを鎮めましょう。牡羊座の月の時期は、禅の精神が大切です。

適していること

忙しく過ごす。

適さないこと

静かに自分を見つめる。

すると良いこと

速度を速める。

しないこと

喧嘩を買う。

♉ 牡牛座のデイリームーン

牡牛座にいる月は、調和して良い感じです。牡牛座と月の共通点として、「食べ物」があるのです。月は食べ物を管轄していますが、牡牛座も食べることが大好きです。体重が気になる人は、食べ過ぎないようにしてください。でもそうでないなら、食べることを楽しんでください。この時期は、心地良くリラックスした雰囲気なので、気の向かないことを無理にしないようにしましょう。マッサージを受けたり、ベッドで1日のんびり過ごしたりしましょう。温かいお茶を飲みながら、恋人や猫と過ごすひとときは格別です。何も急ぐことはないのです。

とはいえ、仕事がたくさんある人は、牡牛座の「ゆっくり着実に」という姿勢を忘れないようにしましょう。

収入を増やしたい人は、豊かさを引き寄せる牡牛座の月の時期に、計画し始めるのが良いでしょう。

適していること

リラックスする。抱きつく。食べる。温まる。

適さないこと

やりたくない仕事をする。

すると良いこと

心地良い感覚を楽しむ。動物と戯れる。

しないこと

頑固になる。

♊ 双子座のデイリームーン

今日は、1日があっという間に過ぎるように感じるでしょう。月は、移り気な双子座に入ったからです。あなたが働き過ぎでないなら問題ありません。けれども、多くの仕事を抱えている人は、忙し過ぎて少し混乱するでしょう。これは、牡羊座のデイリームーンの雰囲気と似ていると思うかもしれませんが、違うのです。牡羊座の月の忙しさは物理的な忙しさで、あちこちに奔走している感じです。一方、双子座の月は、感情的に落ち着かない感じです。途切れることなく、たくさんの人と会話をしたりするでしょう。

今日、あなたが何かプレゼンテーションをする予定なら、月が応援しています。双子座の月の日には、皆がおしゃべりになるので、パーティーを開くのがお勧めです。おしゃべりに花が咲くでしょう。今日の会話から、いろんなことも学ぶでしょう。あなたも色々質問してみましょう。

適していること

社交。考えごと。読書。会話。

コミュニケーションスキルを使う。

適さないこと

禅の思想に浸ること。今日は、色々な場所に行って用事を片付けるので、何かを熟考するのには適しません。

すると良いこと

親友、兄弟姉妹、両親など、あなたが話したい人に電話をする。

しないこと

度が過ぎるほど、オンラインでおしゃべりすること。あなたは、終えるべきタイミングを分かっているはずです。

蟹座のデイリームーン

ここ数日の大騒ぎの後、世界はほっと一息ついています。月が家庭的な蟹座へ移動したからです。家族と一緒にくつろぎましょう。何はともあれ、家に帰りましょう。落ち着いた雰囲気が漂っています。あなたの家を心地良く整えましょう。

もし散らかっているのなら、家を片付けて、掃除をして、洗濯をしてください。おいしい食事を楽しむために、友人や家族を招きましょう。蟹座は食べるのが大好きです。蟹座の少し不安定なエネルギーの影響を受けそうになったら、自分の内面に向き合いましょう。蟹座の月の日には、自分の抱く疑いや恐れに直面するのに適しています。どこかに潜り込んで逃げないでください。あなたを悩ませているのは何ですか。誰かにあなたの本当の気持ちを伝えるのにも良い日です。頭で考え過ぎないでください。

適していること

お菓子を焼く。家でじっとしている。大好きな人たちと過ごす。大胆な計画を思いつく。

蟹座のエネルギーは、起業にとても向いているのです。

適さないこと

客観的な態度。よそよそしくふるまう。冷静になる。

すると良いこと

愛する子どもたちと時間を過ごす。人をもてなす。休む。

しないこと

気乗りのしない場所に出向く。ただし、絶対行かなくてはならないなら仕方ありません。

獅子座のデイリームーン

さて、あなたが皆の注目を浴びる時期がやって来ました！　獅子座には、名役者のように人を惹きつける魅力があります。自信を持って何かをするのなら、この時期に始めるのが望ましいです。

獅子座の月は、とても創造性に富み、芸術的です。世界にあなたの才能を示す日です。才能を隠すのはもったいないです。ショービジネス関連のことも幸運です。獅子座の月に波長を合わせて楽しんでください。

適していること

パーティー。お酒を飲む。人を笑わせる。皆の憧れの人になる。

適さないこと

控えめ、内気でいる。

すると良いこと

全力を尽くす。

しないこと

謙遜してみせる（それは全く意味がありません）。

♍ 乙女座のデイリームーン

獅子座の大騒ぎの後に数日が過ぎ、そろそろ落ち着いた雰囲気になりました。乙女座の月は、すべてがきちんと機能しているか確認しています。そして普段通りの生活を始めるでしょう。この時期は、何かを検討したり、計算をしたり、現状を認識したりするのに適しています。

あなたがもっと効率を高めたいと思う分野はありますか。もっと良く機能させたいことは何ですか。改善を始めるのなら、乙女座の月の日が理想的です。また、ダイエットや健康について考えるのにも適しています。治療が必要な人は、最初に代替医療を試してみるのも良いでしょう。ただし痛みが続くなら必ず病院に行ってください。

適していること

依存症を手放す・きちんとした生活をする・新しい習慣を始める。

適さないこと

熱狂する。向こう見ずな行動をする。軽率な行動をする。

（最愛の人と、楽しくふざけるのはOKです）

すると良いこと

人に協力する。

しないこと

過剰に批判的になる。

♎ 天秤座のデイリームーン

天秤座にある月は、第7ハウスにいる月と雰囲気が似ています。

天秤座は協力と人間関係を司るので、月が天秤座にある時は、ロマンチックなことに心を向けましょう。パートナーシップが必要なビジネスにも向いています。

あなたは、与えることと受け取ることのバランスを取っていますか。あなたは、好きな人に振り向いてもらうために、自分からきっかけを作る必要がありますか。

別れた恋人と和解するのにも適した日です。天秤座は交渉するのが得意なので、何か交渉事があれば、公私に関わらず、会話を始めましょう。エゴの土星が冥王星とぶつかっていないと良いのですが。

愛については概ね幸運な日なので、愛する人々に優しくしてください。どこか食事に行くのもお勧めです。

適していること

ロマンス。パートナーシップ。

適さないこと

孤独になる。

すると良いこと

和解のための準備をする。

しないこと

心で感じないで、頭で考える。

♏ 蠍座のデイリームーン

蠍座は素晴らしいサインであり、私たちは皆、チャートのどこかに蠍座を持っています。しかし、蠍座は私たちの影の部分でもあります。蠍が毒針を持っているように、この時期の月は蠍座のダークなエネルギーを帯びていますので、過ごし方に注意してください。

あなたの周りにいる短気な人や、意地悪な人には注意しましょう。また、あなた自身の毒針を自覚するなら、瞑想をしてください。動揺したり、嫉妬したりすることは、私たちがまだ成長の過程にあることの証です。でも、蠍座にも良い点はあります。それは変化を促すエネルギーなので、正しく使えば良い方向に変化させることができます。

適していること

ミステリーを探る。何かの奥底まで見つめる。誰かに夢中になる。

適さないこと

執拗になる。悪習慣を身に付ける。詮索する。

するとよいこと

元気になる。

しないこと

影の感情に屈服してしまう。

射手座のデイリームーン

あなたが、ストレスを発散して自分を甘やかしたいなら、今日はぴったりの日でしょう。思い切って何か好きなことをしてみましょう。射手座のエネルギーは木星につながっています。木星は、過剰なことを好み、やり過ぎるほどです。もちろん、何でも欲張り過ぎたり、慎重さをなくしたりするのは良くありません。冒険好きなのと無謀なのとは別物です。

また、自分が書いてみたい本、訪れたい場所、勉強したいことなどについて考えてみましょう。広い視野を持つと、感謝の気持ちが湧いてきます。そしてあなたに祝福が訪れます。

適していること

楽しむ。賭けに出る。チャンスに乗る。第一歩を踏み出す。冒険する。

適さないこと

抑制する、熱意に水をさす。自分を制限する。

すると良いこと

一か八かやってみましょう。運は射手座の味方です。

しないこと

用心深くふるまう。

♑ 山羊座のデイリームーン

あなたは少し気持ちを落ち着かせたいですか。頭を整理する必要がありますか。きちんとプランを立てたいですか。

それなら、山羊座の月の日が最適です。野心的な山羊座は、戦略を練ることも上手です。あなたの人生を再び軌道に乗せるチャンスです。これまで歩んだ道を振り返り、これからの目標や成し遂げたいことについて考えてください。

職場での上司との関係、あるいは上司としてのあなたの立場に焦点が当たるかもしれません。成熟した大人としてふるまい、長期的な視野を持つことが成功の鍵です。賢明でいてください。しかし、あまり深刻に考えないでください。これからの数か月の間、目標に向かって努力してください。先々の計画を立てましょう。楽しむことも忘れないでください。

適していること

仕事の目標を達成すること。

適さないこと

怠惰になること。

すると良いこと

目標に向かって軌道修正するためにどうしたら良いか考える。

しないこと

楽しむのを忘れてしまう。

水瓶座のデイリームーン

この時期には、少しいらだつような雰囲気があります。それは私だけでしょうか？　私たちはもっと進歩して、将来について真剣に考えるべきだと感じるのです。水瓶座のテーマは、現代化と進歩です。そして、月が水瓶座にあると、現状に満足できないのです。水瓶座は型にはまりたくないサインであり、大勢に同調することはありません。

もし、あなたにもそういう性質があるのなら、月が味方をしています。友達と集まって楽しむのも良いでしょう。慈善が目的ならなおさら結構です。水瓶座は、世界に貢献することや、多くの人々を集めるのが好きです。たとえ慈善目的でなくても、集まるだけでも良い日です。

適していること

願い事をする。

適さないこと

時代遅れの方法を取る。発展を抑制する。

すると良いこと

流行に敏感になる。進歩的な考え方をする。

しないこと

あまりに馴れ馴れしい態度を取る。人の気に障る行動をする。

魚座のデイリームーン

この時期、人生は夢のようにロマンチックに思われます。皆、ゆったりと時間を過ごしています。詩が書かれ、読まれ、深い瞑想に入れる日です。ソウルメイトが現れるか、結ばれるか、再会します。「魂を込めた」という言葉がよく使われます。

ただし、依存症になりやすい時期なので気をつけましょう。自己憐憫に陥ったり、方向性を見失ったりしないでください。バランスが大事です。魚座の月の日には、アルコールの力で、普段と違う状態になりやすいです。スピリチュアルな活動をして、天とつながりましょう。運が良ければ、あなたにとって神か女神のような人に会う可能性もあります。

適していること

泳ぐ。入浴する。夢を見る。

適さないこと

精神的、肉体的にきつい仕事をする。議論する。現実的になる。

すると良いこと

小さくても大きくても良いので、夢を見てください。

しないこと

具体的な努力もせず、夢は叶うと期待する。

CHAPTER 10

月と親密になる

さてこれからは、各ハウスを移動するデイリームーンを見ていきましょう。この動きは、あなたの生活にそれほど大きな影響は及ぼさないでしょう。月は大変速く移動するので、影響力が少ないのです。しかし、占星術について学ぶためには、ホロスコープ上の月の動きを追うのはとても良いことです。

あなたが月とのワークを通じて、意識的に生きていきたいのなら、1か月間、あなたのチャートの全12ハウスを移動する月に応じて、特定の活動をしてみましょう。

月があなたのチャートのどこにあるか調べるためには、最初に月がどのサインにあるのか探してください。私のホームページでもご覧になれます。 www.moonology.com

それから94～95ページの表をご覧ください。

各ハウスに滞在するデイリームーンの手引き

月は、あなたの各ハウスを移動していきます。ハウスに応じて、どのようなワークをすると良いか説明しましょう。

あなたの第1ハウスにあるデイリームーン

あなたの美しい姿を世界に見せる日です。外見に磨きをかけてください。現状に満足していないなら変身しましょう。新しいヘアスタイルや洋服を試してください。

加えて、月は感情を司っていることに注意してください。月があなたのチャートの玄関である第1ハウスを通る時、人は普段より感情的になります。自分の感情を認めることも大事なので、感情的になって良いのです。そして、第1ハウスに月がある日は、それに適しています。

この月はあなたのアセンダントに影響を与える可能性があります。あなたのアセンダントが、外交的なサイン（例えば、牡羊座または獅子座）なら、あなたはいつもより積極的でしょう。反対に、少し内向的なサイン（例えば、乙女座または蟹座）なら、控えめにしたくなるかもしれません。

あなたの第2ハウスにあるデイリームーン

今日は、お金について何か思うことがあるでしょう。お金、資産、所有物は第2ハウスのテーマであり、お金のことで議論するかもしれません。その時は、自分の感情に飲み込まれないようにしてください。経済的に困っている人は、何が原因なのか良く考えましょう。

お金の流れをスムーズにするためにできることはありませんか？

例えば節約する、貯金を増やす、ファイナンシャル・アドバイザーや銀行の担当者と話すことなどです。

この日は、自尊心について考える機会があるかもしれません。これからも自分の素晴らしさを認めて生きてください。

あなたの第3ハウスにあるデイリームーン

あなたが、深い会話をするのが好きな人だと良いのですが…。なぜなら、月がコミュニケーションを司る第3ハウスに移動しているからです。あなたにとって忙しい日になりそうです。雑用をしたり、たくさんの人に会ったりしなくてはならないでしょう。人と関わる準備をしておいてください。

今日は、あなたに胸の内を打ち明けたがっている人がいそうです。または、あなたがそうしたいのかもしれません。兄弟姉妹や隣人との交流があるでしょう。

月が味方をしているので、何か問題があってもあなたは解決できるでしょう。正直に、穏やかに話してください。心を込めて手紙やメールを書くのも良いでしょう。

あなたの第4ハウスにあるデイリームーン

自宅で過ごすことが可能なら、今日はそうしてください。第4ハウスに滞在中の月は、とてもくつろいでいるのです。第4ハウスは下の方にあり、少し隠れ気味でプライベートな雰囲気です。独りで過ごしても、友達や家族と過ごしても良いのですが、場所は家が良いです。あなたの家ならベストです。

家と家族と身近なことにエネルギーを向けましょう。のんびりしましょう。料理をするのもお勧めです。あなたの料理を食べる人は、体と心の栄養を与えられています。この時期は、自分がどれほど頑張ってきたか振り返ってみましょう。

あなたの第5ハウスにあるデイリームーン

月があなたの第5ハウスにある時は、憂鬱な気分を振り払って、社会に復帰しましょう。第5ハウスには、楽しい雰囲気があります。パーティーをしたり、休暇を取ったり、趣味をしたりして楽しい時を過ごしてください。友人と遊びに行ったり、少し騒いだりしましょう。楽しむことは、今日、あなたにとっては義務です。

子どもがいる人は、一緒に遊んであげましょう。自分の子どもでなくても構いません。大人が忘れてしまったやり方で、子どもは楽しむことができるのです。子どもと一緒に大笑いして過ごすことが、第5ハウスの月を最大限に活用する方法です。

創造的な活動もしてください。あなたが元気になるようなことです。

ロマンスにも良い日ですから、愛している人、好きな人がいるなら一緒に過ごしましょう。デートに誘ったり、誘ってもらったりしましょう。甘い感覚を味わってください。

あなたの第6ハウスにあるデイリームーン

第6ハウスは、人に何かをしてもらうことよりも、自分が人に何をしてあげられるかを考える場所です。あなたはどんなことで役に立つことができますか。人をどのように助けることができますか。いつもは自分のことばかり考えている人も、月が第6ハウスに滞在中は、見返りを求めず人に親切にしましょう。

自分の健康についても考えましょう。これまできちんとした生活をしていなかった人は、健康的なライフスタイルを取り戻しましょう。月は、あなたの決意を応援します。今は非常に生産的な時間で、怠けずに多くのことを成し遂げることができます。すべてを整えましょう。

あなたの第7ハウスにあるデイリームーン

愛、ロマンス、そして敵にも焦点が当たるでしょう。一対一で人とつながる時期です。相手と会話をして、相手の本当の姿や望んでいることを知りましょう。本当のあなたも見せてください。

月が第7ハウスにある時には、人間関係がテーマになります。それには恋愛関係も含まれています。あなたに配偶者や恋人がいるのなら、じっくり向き合って話すべき問題が起こるかもしれません。忙しい毎日を過ごしているとそれが難しいのです。愛があるのなら、愛を感じてください。相手のいない人は、新しい出会いに目を向けましょう。

仕事上の人間関係については、パートナーシップを強めるように努力しましょう。

あなたの第8ハウスにあるデイリームーン

パートナーとのセックスを予定するなら、月が第8ハウスにある日をお勧めします。もちろん、これはセックスの回数が多くても月に2回のカップルに向けた言葉になります。しかし、あえて予定しないといけない状態なら、1か月に2回でも全くないよりはましでしょう。第8ハウスは神秘的な場所で、セックスが似合うのです。

月が第7ハウスを通過したので、パートナーとより親しくなったと思います。そして第8ハウスの月は、さらに二人の間の距離を縮めました。そういう感じがしませんか。

第8ハウスは共有の金融資産を扱います。言い換えると、あなたのお金が他人のお金と出合う場のことで、給料、ローン、負債などを指します。金銭に関連した問題が表面化するかもしれません。私からのアドバイスは、落ち着いて対処してほしいということです。

自分自身の内面を深く探るのにも良い日です。

あなたの第9ハウスにあるデイリームーン

月が第9ハウスに入ったら、逃げ出す絶好のチャンスです。すべてから逃げて、新しい人生を夢見ても良いのです。この月は、もっと大きな展望がこの先にあることをあなたに告げています。広い世界へ向かいましょう。あなたが自分の足で行くことができないのなら、引き寄せる方法を見つけましょう。

旅行の経験が豊富な友人と話したり、エキゾチックなレストランで食事をしたり、外国のテレビ番組や映画を見たりしましょう。あなたはソファに座りながら旅行をするのです。大事なのは、あなたの世界を広げて、身近な世界の先を見ることです。

第9ハウスは法律関係も司っていますので、法的な問題が持ち上がるかもしれません。あるいは、過去の問題が解決するのかもしれません。

今日は、あなたの視野を広げてください。旅行や勉強を楽しみましょう。

あなたの第10ハウスにあるデイリームーン

あなたの野心は何ですか。今、できることは何ですか。将来の目標は何ですか。月があなたの第10ハウスに入る時は、キャリアに関心を向けましょう。今、仕事が順調な人は、ますます良くなっていきます。あなたの功績が認められるかもしれません。

今、仕事面がうまくいっていなくても、今後は目標に向かっていきたい人は、何かの問題や感情に直面する可能性があります。

また、あなたは権威のある人に対応しなくてはならないかもしれません。あるいは、あなた自身が「上の人」なのかもしれません。もしそうなら優しい態度で接してください。

何か問題が表面化しても、それが逆に素晴らしいチャンスとなることもあります。少なくとも解決の手がかりを与えてくれるので、注意を払ってください。

あなたの第11ハウスにあるデイリームーン

外に出て、親しい人たちと会いましょう。第11ハウスに月がある時には、友人に焦点が当たっています。あなたが属するグループ、インターネット上のコミュニティ、スポーツジム、ヨガのクラスなどの友人たちです。あなたは大きなグループの一員として活躍し、成長するでしょう。あなたが受け取っているのと同じくらい、多くのものを与えてください。

この時期は社交を楽しみましょう。あなたには貢献できることがたくさんあります。今、感情的なサポートが必要な人は、それが得られそうです。特にたくさんの女性と気持ちを通わせることができそうです。

あなたの夢と願望に焦点が当たるでしょう。あなたは、以前望んでいたものを今も望んでいますか。どのようにそれを手に入れますか？

あなたの第12ハウスにあるデイリームーン

可能であれば、ひっそり静養に出かけると良いでしょう。月は最も深くてプライベートな第12ハウスへ移りました。おそらくあなたは独りの時間が必要なのでしょう。これまで頑張ってきたあなたにはその権利があります。休めば気分も良くなるでしょう。第12ハウスの月のテーマは、秘密など隠されたものです。

もうすぐ月があなたのアセンダントを横切ると、隠されていたことが明るみに出るかもしれません。第12ハウスの月は、過去の月を振り返って、無意識な行動パターンを見直すのに良い時期です。あなたは次のサイクルで変えたいことがありますか。

まとめ

ここでは、デイリームーンを活用する方法を学びました。

- 新月や満月と同じように、デイリームーンも滞在するサインに応じてエネルギーが変化します。
- デイリームーンが入るサインが、その日のエネルギーに個性を加えます。
- デイリームーンが入っているあなたのハウスは、それぞれ異なる影響をあなたに及ぼします。

FAQs デイリームーンについて

デイリームーンに関して、よく聞かれる質問にお答えします。

Q デイリームーンにも、補足事項（246〜251ページ）を適用することができますか？

A もちろんできます。是非そうしてください。そのデイリームーンが、あなたのどのハウスにあるか調べましょう。次にそのハウスと関係するチャクラを見つけましょう。瞑想をしてチャクラを整えてください。そのハウスに適したマントラも唱えましょう。これができれば素晴らしいです。1か月間続けたら、あなたは大きな効果を感じるでしょう。

Q 良い恋愛関係を引き寄せるデイリームーンはありますか？

A 天秤座のテーマがパートナーシップなので、天秤座の月が恋愛関係であなたの力になってくれそうです。しかし、恋愛運の良い日は、あなたの第7ハウスに月が入る日です。第7ハウスは愛を司っているからです。そのためには、あなたのアセンダントを知る必要があります。

アセンダントは、以下のサイトで調べることができます。

www.moonologybook.com/freechart

アセンダントが分かったら、第7ハウスを管轄するサインを次の表で探しましょう。月がそのサインを通過中は、恋愛運が高まっています。あるいは、大事な関係について考える必要がありそうです。

出生時間が不明でアセンダントが分からない場合は、あなたの星座で確認してください。

あなたの第7ハウスを管轄するサイン

あなたの星座かアセンダント		第7ハウスを管轄するサイン	
♈	牡羊座か 牡羊座のアセンダント	♎	天秤座
♉	牡牛座か 牡牛座のアセンダント	♏	蠍座
♊	双子座か 双子座のアセンダント	♐	射手座
♋	蟹座か 蟹座のアセンダント	♑	山羊座
♌	獅子座か 獅子座のアセンダント	♒	水瓶座
♍	乙女座か 乙女座のアセンダント	♓	魚座
♎	天秤座か 天秤座のアセンダント	♈	牡羊座
♏	蠍座か 蠍座のアセンダント	♉	牡牛座
♐	射手座か 射手座のアセンダント	♊	双子座
♑	山羊座か 山羊座のアセンダント	♋	蟹座
♒	水瓶座か 水瓶座のアセンダント	♌	獅子座
♓	魚座か 魚座のアセンダント	♍	乙女座

Q 私の誕生日に、デイリームーンが滞在中のサインは何か関係がありますか？

A はい、あります。あなたの誕生日に、これから1年のチャートを作る場合に関係します。これはあなたのソーラーリターン（太陽回帰）のチャートと言われます。誕生日にデイリームーンが入っているサインは、誕生日後の1年に大きな影響を及ぼします。月がいつそのサインに滞在するのか確認しましょう。あなたはどんな気分ですか。感情的になることもありそうですが、甘い感情も味わえるでしょう。

Q デイリームーンが、私の星座（太陽星座）にあるとどうなりますか？

A それは、あなた個人の新月が、現れるということです。月が、すべてのサインを移動するのに1か月かかります。例えば、あなたの太陽星座が乙女座だったとします。月が乙女座にある時、あなたが生まれた時に太陽がいた場所に、月がやってくるということです。同じ時間、同じ場所に太陽と月が位置する時に、新月となります。この場合は、あなたの個人的な新月であり、月とあなたの個人的な太陽から成り立っています。すべてが新たに始まろうとしています。しかし、気持ちの揺れも多くなりそうです。

おわりに

さて、あなたはムーンオロジストになれるくらい月について学びました。

空に浮かんでいる月には、いろんな意味があることが分かりましたね。

月は神秘に満ちています。一つだけ確かなことは、月のサイクルに波長を合わせることで、あなたの人生は変わるということです。この本の最初に述べたように、それを私は自分で経験しました。また、長年にわたり多くの読者の方からも報告を受けました。

月とのワークで肝心なのは、新月の時期に願いを明確にして、それを書き留めたり、言葉にしたり、絵を描いたりすることです。

そして、満月の時期には、すべての怒りを手放して、人生の祝福に感謝を捧げることです。

毎月、新月と満月がどのサインに入っているのか調べてください。そして、この本の手引きを参照して活用してください。また、12ハウスのどこに、新月と満月が入っているのかも確認しましょう。

もしあなたに重要な予定があるのなら、その頃の月の位置を調べてください。あなたが月とワークをすると、人生の流れがスムーズになります。月と波長を合わせましょう！

付録A
未来予測の応用編　4つの方法

すでに占星術を学んでいる読者の方や、新しいテーマに取り組んでみたい方のための情報です。

❶今後1年のプランナー

一目で分かる、今後1年のプランナーを作るのは簡単で楽しいことです。これからの1年間に、新月と満月がどこのハウスに入るかをすぐに知ることができます。自分のアセンダントを知らない方は、下記のサイトで調べてください。

www.moonologybook.com/risingsign

アセンダントが分かったら、237ページの新月のプランナーの一番上の欄にアセンダントのサインを書いてください。その下に、アセンダントの次のサインから順番通りすべてのサインを記入してください。

（付録Bにある244～245ページのサインのリストを見てください）

それから、私のウェブサイト（www.moonologybook.com/moondates）を見て、これから12か月に、どこに新月が入るのか調べましょう。次の新月から始めて、それを記入し、同じように続けてください。

さて、それぞれのハウスの新月があなたにとって何を意味するかを知るため、96～147ページをご覧ください。

次のページにあるのが新月のプランナーです。そこに記入してください。コピーして使っても良いでしょう。

新月のプランナー

ハウス	記号	新月の入るサイン	日付	焦点を当てるべきこと
1				イメージ・外見・自分自身
2				現金・財産・所有物・自分の価値・価値観
3				コミュニケーション・兄弟姉妹・隣人
4				家庭と家族
5				ロマンス・子ども・創造性・戯れる
6				いつもの習慣・奉仕・日常の仕事・義務
7				愛・重要人物・パートナーシップ・人間関係
8				セックス・お金・共有資産・負債
9				旅行・宗教・高度な学び・勉強・大局を見る
10				キャリア・野心・達成・地位
11				友人・ネットワーク・願い事
12				スピリチュアルなこと・自己破壊・恐れ・自己犠牲

参考に、2017～2018年の新月のプランナーの例をお見せします。この人のアセンダントは牡牛座で、ロンドンに生まれています。

（占星術の専門家の方へ：私はホール・サイン・ハウス方式を使用しています）

2017～2018年　新月のプランナー

ハウス	記号	新月の入るサイン	日付	焦点を当てるべきこと
1	♉	牡牛座	2017.4.26	イメージ・外見・自分自身
2	♊	双子座	2017.5.17	現金・財産・所有物・自分の価値・価値観
3	♋	蟹座	2017.6.17	コミュニケーション・兄弟姉妹・隣人
4	♌	獅子座	2017.7.17と 2017.8.17	家庭と家族
5	♍	乙女座	2017.9.17	ロマンス・子ども・創造性・戯れる
6	♎	天秤座	2017.10.17	いつもの習慣・奉仕・日常の仕事・義務
7	♏	蠍座	2017.11.17	愛・重要人物・パートナーシップ・人間関係
8	♐	射手座	2017.12.17	セックス・お金・共有資産・負債
9	♑	山羊座	2018.1.17	旅行・宗教・高度な学び・勉強・大局を見る
10	♒	水瓶座	2018.2.18	キャリア・野心・達成・地位
11	♓	魚座	2018.3.18	友人・ネットワーク・願い事
12	♈	牡羊座	2018.4.18	スピリチュアルなこと・自己破壊・恐れ・自己犠牲

❷ルナリターン（月回帰）で、あなたの月を予測してください

さらに知識を深めたい人は、「ルナリターン」という方法も知っておくと良いでしょう。ルナリターンのチャートを見ることで、翌月の簡単な予測ができます。ルナリターンとは、あなたが出生時の月の場所に、現在の月が戻ることです。ルナリターンは、独立型のチャートとして解読しても良いですし、自分のチャートと照らし合わせても良いでしょう。

アセンダント、アセンダントの支配星、月、月の入るハウス、月が入るハウスの支配星が、すべて関係します。ルナリターンのチャートを作成するためには、Solar Fireのような専門のソフトウェアが必要です。または、www.astro.comをご覧ください。

❸天体と角度

あなたのチャートの天体の角度を知っている人は、新月や満月がその天体に重なる場合の意味を知りたいかもしれません。例えば、新月が27度の蟹座にあり、あなたの金星も27度の蟹座にあるとします。もちろん、それには意味があります。

大まかに言えば、もしそれが新月ならば、その天体が司る分野についての再出発を意味します。例えば、あなたの金星に新月が重なった場合は、金星のテーマであるお金や豊かさについて、新たな始まりがあるということです。金星が入っているあなたのハウスを調べてみても良いでしょう。

満月が、あなたのチャートの天体に重なる時は、クライマックスを迎えたり、ジレンマが生じたりすることを予想してください。

もっと知りたい方には、私の著書、ヘイハウスベーシックシリー

ズ『Astrology』で解説しています。

❹月のノード

月のノードとは、月の軌道が黄道を横切る点です。黄道とは、天球上における太陽の見かけ上の通り道です。月のノードを知ることは、将来の予測のために大変役立ちます。ノースノードがどのハウスに位置しても、あなたは幸せで満足するでしょう。サウスノードがどのハウスに位置しても、そこであなたはそのハウスのテーマによって制約を受けたり、縛られたりするもしれません。あなたは努力して、サウスノードのハウスから離れ、ノースノードのハウスを目指さないといけません。そのためには、自分の行動パターンを認識しましょう。

ノースノードとサウスノードが位置するあなたのハウスの例を、いくつか挙げましょう。

ノースノード：第1ハウス／サウスノード：第7ハウス

恋人を見つけなくてはいけないという考えに取り憑かれているようです。しかし、あなたは自分の足で立つ方が幸せになれるでしょう。

ノースノード：第2ハウス／サウスノード：第8ハウス

深く暗いテーマや、タブーとされることが、あなたを誘惑するかもしれません。しかし、現実的になって、自分の資産の整理をする方が良いでしょう。

ノースノード：第3ハウス／サウスノード：第9ハウス

あなたは、軽いおしゃべりを楽しむことができるでしょう。しかし、本当のコミュニケーションを通して幸せを見出してください。

ノースノード：第4ハウス／サウスノード：第10ハウス

今、あなたは仕事が楽しいので、仕事優先の生活を送っているのかもしれません。しかし、あなたを幸福にするのは家庭と家族です。

ノースノード：第5ハウス／サウスノード：第11ハウス

自由に、仲間たちと楽しく過ごしたいとあなたは思っているかもしれません。でも、自己表現をして創造性を発揮することで幸せを感じるでしょう。

ノースノード：第6ハウス／サウスノード：第12ハウス

今の生活から逃げたいと考えるのは、楽しい妄想になるかもしれません。しかし、目の前の課題に本気で取り組んで、義務を果たす方があなたは満足するでしょう。

ノースノード：第7ハウス／サウスノード：第1ハウス

あなたは、誰かと恋愛関係にある方が良いでしょう。もちろん、煩わしいこともあるでしょうが、成長の機会だと思いましょう。

ノースノード：第8ハウス／サウスノード：第2ハウス

お金のことをもっと心配しなくてはならないと思っているかもしれません。しかし、普通の大人として、情熱的なセックスがあなたには必要です。

ノースノード：第9ハウス／サウスノード：第3ハウス

気楽なおしゃべりをしていた方が楽だと思うかもしれませんが、真実を話すことで、あなたは自由になれます。

ノースノード：第10ハウス／サウスノード：第4ハウス

家庭を優先するのは素晴らしいことなのですが、今だけは違います。あなたが充足感を求めているのなら、仕事に全力を注いでください。

ノースノード：第11ハウス／サウスノード：第5ハウス

あなたはその人に夢中で恋人同士になりたいのですか？　でも、

その人とは友達のままでいた方が良さそうです。

ノースノード：第12ハウス／サウスノード：第6ハウス

人生を計画通りに歩むことは大切かもしれません。しかし、もっと大切なのは心の平和です。

月のノード　2017～2026年（日本時間）

日付	月のノード
2017年 5月10日	ノースノードが獅子座 サウスノードが水瓶座
2018年11月7日	ノースノードが蟹座 サウスノードが山羊座
2020年　5月5日	ノースノードが双子座 サウスノードが射手座
2022年 1月19日	ノースノードが牡牛座 サウスノードが蠍座
2023年 7月18日	ノースノードが牡羊座 サウスノードが天秤座
2025年 1月12日	ノースノードが魚座 サウスノードが乙女座
2026年 7月27日	ノースノードが水瓶座 サウスノードが獅子座

月のノードは約1年半かけて、1つのサインを反時計回りに移動します。

付録B
ハウスとサインの早見表

12のハウスとそれぞれの意味

12の各ハウスの性質を表すキーワードを挙げましょう。各ハウスは、人生における複数の分野を司っています。

第1ハウス	あなたが他人に与える印象・イメージ
第2ハウス	資産と財産を支配・あなたの価値と自尊心
第3ハウス	コミュニケーションスキル・小旅行・兄弟姉妹と隣人
第4ハウス	家と家族関係・あなたの私生活
第5ハウス	官能的なロマンス・創造性・子どもたち（自分の子ども、他人の子ども
第6ハウス	体と心のこと・健康・毎日の仕事・健康的な習慣
第7ハウス	結婚・最愛の人・前の恋人・あなたが敵とみなす人々・約束・重要人物
第8ハウス	タブーなこと・セックス・死・税金・他人のお金・共同資産

第9ハウス	大局を見る・限界を超える・勉強・旅行・宇宙の探求
第10ハウス	野心・キャリア・人生のゴール・あなたの名声・職業生活
第11ハウス	希望や願い・友人・人とのつながり・社会的集団
第12ハウス	深く繊細なハウス・恐れ・スピリチュアリティ・隠されているもの

12のサインとそれぞれの意味

各12のサインの性質や扱うテーマを挙げます。各サインに入る新月、満月、半月、デイリームーンは、以下のテーマに焦点を当てます。

♈	牡羊座	始まり・勇敢さ・大胆さ・自発性
♉	牡牛座	官能性・落ち着き・実際的
♊	双子座	コミュニケーション・小旅行・隣人・兄弟姉妹
♋	蟹座	家庭と家族・家庭生活・プライバシー
♌	獅子座	楽しみ・創造力・子ども（自分の子ども、他人の子ども）・戯れる
♍	乙女座	他人への奉仕・義務・日常の仕事・健康・小動物
♎	天秤座	あなた自身・大事な人・恋人・重要人物・敵・バランス・調和・結婚・関係
♏	蠍座	セックス・死・タブー・嫉妬・再生・税金・他人のお金

♐	射手座	旅行・勉強・自由・宇宙の探求・宗教・高等教育
♑	山羊座	仕事・野心・キャリア・あなたの足跡を残す
♒	水瓶座	友人・社会的ネットワーク・グループ・望み・希望と夢
♓	魚座	あなたの内面の最も深くて暗い繊細な部分・スピリチュアリティ・恐れ

付録C
補足事項

補足事項は、Chapter 5の「各ハウスに滞在する新月の手引き」でご紹介した項目です。

ムーンオロジーをもっと深く学びたい方、実践的なことを通じて月とつながりたい方に向けて説明します。エッセンシャルオイルやマントラなどは、ハウスとチャクラの性質を考慮して私が選んだものです。これを活用すると、もっと新月に波長を合わせることができるでしょう。もちろん、満月やデイリームーンでも同様です。補足事項の説明と活用法を挙げましょう。

エッセンシャルオイル

私は、新月の時に、特定のエッセンシャルオイルを使うことを勧めましたが、それは深遠なムーンオロジーにおいても、どちらかと言うと実用的なワークだからです。もし、他に心惹かれるエッセンシャルオイルがあるなら、あなたの魂やハイヤーセルフがそのオイルを必要としているのです。進化させたい分野のワークを助けるためなのでしょう。あなたが何を必要としているか考えてください。月がハウスを通過する時は、そのハウス特有の問題が起こることがありますが、オイルを使うとその助けになります。

また、エッセンシャルオイルを体につけたり、バスルームで使用したりする際には、必ずキャリアオイルで希釈してください。

新月の数字的なエネルギー

手引きでは、各ハウスにおける新月の持つ数字のエネルギーについても紹介しました。皆さんに1から12または3までの数とワークをしてほしいからです。通常の数秘学とは異なり、各数字に意味はありません。その月の数を覚えておいて、あなたがその数を何回も目にした時は注意してください。数字はあなたに、周りの状況に注意を払い、意識的に生き、気持ちを確認し、これから起こりそうな問題を予測するようにと告げているのです。

チャクラ

チャクラは、体のエネルギーセンターで、通常肉眼では見えません。しかし、訓練すれば、見たり、感じたりすることができるようになります。チャクラは、地上の私たちの体と宇宙をつなげるエネルギーなのです。日々の瞑想中に、チャクラを意識すると良いでしょう（チャクラ浄化の誘導瞑想はYouTubeにたくさんあります）。

また、この本でお勧めしたマントラを唱えたり、イメージをしたりしてチャクラを活性化しましょう。チャクラのバランスが取れていると、健全な状態でいられます。屋内でばかり過ごすこと、パソコンをずっとしていること、大気汚染、薬、アルコールなどは、チャクラの正常な回転を妨げます。

チャクラを整えるためには、各チャクラに意識を向け、それが回転している様子をイメージしましょう。チャクラの色は、前述の手引きに書かれています。チャクラには、3次元チャクラと5次元チャクラという2種類があります。

3次元（3D）チャクラ

3次元チャクラは7つあり、サインの数は12個あります。ですから当然、サインに対応するチャクラは重複します。ホロスコープとチャクラの関係には異なる解釈があるので、どれを選ぶべきか悩みました。太陽がセイクラルチャクラであり、火星がソーラープレクサスチャクラであると主張する人もいれば、その逆だと言う人もいます。私は火星がセイクラルチャクラだと決めました。それは、セックスが関わっているからです。太陽にはソーラープレクサスチャクラを選びました。ソーラー（太陽）という言葉が入っているからです。

重要なことは、月が12のハウスを通過する際に、チャクラにも注目してもらうことです。そうすれば12か月間で、すべてのチャクラのワークができます（2回ワークをするチャクラもあります）。あまりしっくりこなければ、先ほどの解釈を逆にしても良いです。とにかく、すべてのチャクラとハウスのワークをすることが肝心なのです。

5次元（5D）チャクラ

5次元チャクラのワークにも興味がある方は、このまま読み進んでください。これは3次元チャクラの進化形です。瞑想や祈りを取り入れた意識的な生き方をすると、私たちのバイブレーションが上がります。より高次元のチャクラを活性化させ、万物の源とのつながりが強まります。5Dチャクラは、ハウスとの関わりは特にあり

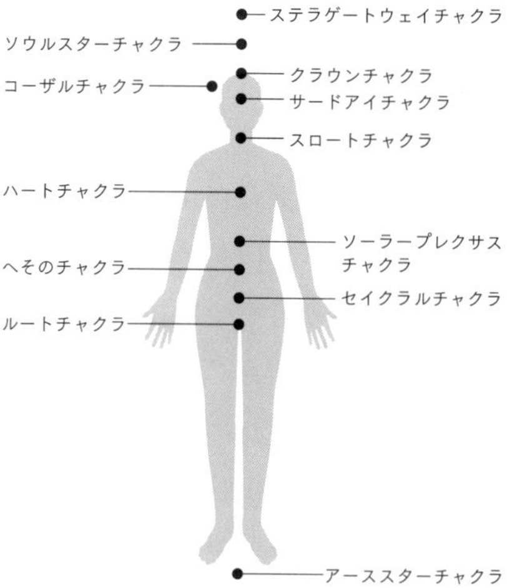

チャクラ図

ません。一般的に知られている5Dチャクラは12個あります。ですから、私たちは毎月一つずつ、5Dチャクラのワークをすることができます。

3Dチャクラと5Dチャクラは同じ場合もありますが、必ずしもそうだとは限りません。新月に合わせて、どのチャクラを活性化するべきか確認してください。それぞれの色のチャクラが正常に回転している様子をイメージしてください。例えば、セイクラルチャクラは、オレンジ色をイメージします。3Dのハートチャクラは透明な緑ですが、草のような緑やエメラルドグリーンを加えても良いでしょう。あなたの心の日で見てください。素晴らしい効果を実感するでしょう！

マントラ

「各ハウスに滞在する新月の手引き」と「各ハウスに滞在する満月の手引き」で紹介したマントラは、占星術のハウスと天体の関係に基づいて選びました。マントラを唱えることは、対応するチャクラを整え、あなたのバイブレーションを高めます。バイブレーションが高いほど、人生はスムーズに流れるのです。マントラは、補足事項の中でも大変パワーがあります。マントラの言葉は奇妙に聞こえるかもしれませんが、古くから伝えられてきた有名なサンスクリット語の言葉です。

導く女神

女神は、高次元に存在する女性的なエネルギーです。Part 1で説明したように、月は女神のエネルギーと深いつながりがあります。ですから、各新月を特定の女神と結びつけると良いでしょう。私が選んだ女神は、新月が入っているハウスを体現しています。女神を知ることは、あなたにとって非常に豊かな経験となるでしょう。そのためには、声に出して女神の名前を呼んでください。女神について、インターネットで知識を得るのも良いでしょう。

導く大天使

大天使は、神や女神のメッセンジャーです。どの大天使に声をかけるべきかは、新月が入っているハウスによるのですが、実際は、どの大天使と話しても良いのです。その時あなたが心惹かれる大天使に導きを求めましょう。

ただ、1年間かけて、あなたのチャートを移動する新月を意識すれば、主要な15の大天使全員とつながることになります。それは素晴らしいことです。Chapter 5に登場する大天使は、ドリーン・バーチューと私の共著である『エンジェルアストロロジー』で挙げた大天使です。その本では、サインごとに対応する大天使を紹介しましたが、この本では、ハウスごとに対応する大天使を紹介しています。

12の普遍的な法則

この地球には、人類の歴史が始まって以来ずっと、12の普遍的な法則が存在したと言われています。この法則を理解することで、あなたは人生を積極的に創造していくことができ、望みを実現することができます。まるで、宇宙の仕組みを活用するための鍵を手にしたようなものです。

12の法則は、現代や昔の書物によくある順番で並んでいます。特にハウスとの対応はしていません。1年間かけて、それぞれの法則についてじっくり考えてみてください。

12の聖なる光線

これは、この本の中では理解が難しいテーマかもしれません。12の聖なる光線は、バイブレーションの高い概念です。高い意識を持っていないと、理解することが難しいのです。光線は、万物の源、あるいは創造主から放射される電気的なエネルギーだと言われています。12の光線とワークするための第一歩は、その色と意味について学び、イメージしながら瞑想することです。

私たちが光線とのワークを意識すれば、ある日、突然その意味が明らかになります。それまでの間は、ただ光線について考えるだけでも、私たちのバイブレーションは高まります。

Chapter 5では、光線は順番通りに挙げられています。12か月かけて、すべての光線とワークができるでしょう。光線に対応しているのは、アセンデッドマスターです。アセンデッドマスターとは、肉眼では見ることができない、人が非常に進化した存在です。彼らは、地上で人間たちを助けてくれています。この情報は、さらに進んだ研究への足掛かりとなるでしょう。

付録D
満月の名前

　満月をいつもフォローしていたい方のために、各月の満月につけられた名前をご紹介しましょう。1年の各月や季節に対応した名前がつけられています。この名前は、『シェパード・カレンダー』という古い詩集に記録されていたものです。
（満月がいつ起きるかは、www.moonology.comで探してください）
　満月の名の発祥の地は、当初イギリスだったのですが、ピルグリムたち移民と共にアメリカに伝わっていきました。オベロン・ゼル＝レイヴェンハート著、『見習い魔法使いの手引き』（未邦訳）によれば、それはアメリカインディアンがつけた満月の名前と混ざり合っていきました。
　満月の名前は、通常占星術では使いません。その名の由来を聞くと、何の変哲もなかったりするのですが、何だか私には楽しく感じられるのです。

満月の名前　北半球編

1月	クリスマス後の月・ オオカミの月・ キツネの月	クリスマス後、最初の満月なので。オオカミやキツネが遠吠えをする月なので。
2月	スノームーン・ ハンガームーン	2月はイギリスで最も雪の多い月なので。厳しい寒さで、狩猟ができず人が餓える（ハンガー）ので。
3月	毛虫の月・ カラスの月	雪が溶けると、毛虫が現れるので。カラスが鳴き始めるので。
4月	ピンクの月・ 草の月	4月に咲くピンクの野生植物に由来して。春を象徴するイメージから。
5月	フラワームーン・ トウモロコシを 植える月	5月は色々な花が咲く季節なので。トウモロコシを植える月なので。
6月	ローズムーン・ フラワームーン・ ストロベリームーン	バラなどの花が咲き続けているので。イチゴが熟す時期なので。
7月	雷の月・ 雄鹿の月	この時期、ニューイングランドでは雷雨が頻繁に起こるので。若い雄鹿が角を生やし始める月なので。
8月	チョウザメの月	この季節にチョウザメの数が増えるので。
9月	ハーベストムーン	秋分の日が近づき、収穫の季節なので。
10月	ハンタームーン	冬に備えて狩りに行く月なので。
11月	ビーバームーン・ フロスティムーン	ビーバーの罠を仕掛ける最後の月なので。霜が本格的に始まる頃なので。
12月	クリスマス前の月・ コールドムーン	クリスマスの前の月なので。気温が急激に下がり始めるので。

北半球編のリストは、アメリカ合衆国やイギリスの気候とは合っているのですが、オーストラリア、ニュージーランドなどの南半球では逆になります。インターネット上で、様々な人たちが満月に名前をつけているのを見つけました（http://tinyurl.com/z99hfm3など）。

そこからいくつか名前をいただき、私自身も満月の名前をつけてみました。

満月の名前　南半球編

1月	サマーズムーン
2月	ホットムーン
3月	クーラームーン
4月	レインムーン
5月	フレッシュムーン
6月	ミドルムーン
7月	スノームーン
8月	ウィンディムーン
9月	ブレッシングムーン
10月	カンガルームーン
11月	ランニングムーン
12月	エンドオブイヤームーン

最後に、北半球でも南半球でも使用できる満月の名前をご紹介します。

満月の名前　北半球と南半球　共通

冬至の後	オールドムーン・クリスマス後の月
	スノームーン・ハンガームーン・ウルフムーン・
	メープル樹液の月（メープルの樹液が流れる時期なので）・カラスの月・四旬節の月
春分の後	草の月・エッグムーン
	プランティングムーン・ミルクムーン
	ローズムーン・フラワームーン・ストロベリームーン
夏至の後	雷の月・干し草の月
	青トウモロコシの月・穀物の月
	フルーツムーン・ハーベストムーン
秋分の後	ハーベストムーン・ハンタームーン
	ハンタームーン・フロスティムーン・ビーバームーン
	クリスマス前の月・ロングナイトムーン

付録E
半月について

新月と満月ばかり注目されがちなのですが、半月も大変興味深いのです。1か月につき2回、半月は現れます。

一つ目は満ちていく半月の「上弦の月」で、新月と満月の間に現れます。もう一つは欠けていく半月の「下弦の月」で、満月と新月の間に現れます。

月が太陽に対して90度の角度になっている時に、半月が見えます。半月の性質は挑発的です。私たちに行動させるため、わざと小さな危機を発生させるのです。半月が少し煩わしく思える点はそこで、私たちが対処しなくてはいけない問題を表面化させるのです。ただし、対処した方が結局は良いので、それは同時に良い点でもあります。

半月の影響はすぐに消えてしまうのですが、その週に、ある種独特な雰囲気を残していくのです。きっとあなたも多少感じるでしょう。感じる程度は、天体で起こっている他の活動や、あなたのチャートによるのです。解釈についてはあまり気にせず、起こった問題にどう対応するべきかを考えましょう。

◗ 上弦の月が、あなたの第1ハウスか牡羊座にある場合

誰かがあなたの成功を邪魔しているのなら、冷静になって対処し

てください。

◗ 下弦の月が、あなたの第1ハウスか牡羊座にある場合

私生活の問題に対処するなら、一旦、すべてを整理しないといけません。

◗ 上弦の月が、あなたの第2ハウスか牡牛座にある場合

お金のことで揉めているのなら（特に友人と）、自分を大切にすることで解決できます。

◗ 下弦の月が、あなたの第2ハウスか牡牛座にある場合

お金について心配するのは止めて、もっと人生を楽しむべきです。

◗ 上弦の月が、あなたの第3ハウスか双子座にある場合

今週、誰かに意地悪なことを言われても、その人の幸せを願ってください。また、何かポジティブな独り言を言ってみましょう。

◗ 下弦の月が、あなたの第3ハウスか双子座にある場合

徹底的に話し合い、仕事の問題を解決しましょう。体を大切にしてください。

◗ 上弦の月が、あなたの第4ハウスか蟹座にある場合

誰かがあなたを貶めようとしても（特に私生活で）、自信を失わないでください。

◗ 下弦の月が、あなたの第4ハウスか蟹座にある場合

今の恋人や、前の恋人との間にある問題を終わらせましょう。あなたは、新しいスタートを切るのです。

上弦の月が、あなたの第5ハウスか獅子座にある場合

あなたは経済的な責任を果たせると宇宙に示しましょう。きっとできます。

下弦の月が、あなたの第5ハウスか獅子座にある場合

あなたに運が味方します。あなたは喜びで身震いすることでしょう。

上弦の月が、あなたの第6ハウスか乙女座にある場合

あなたが毎日会う人々に、自分を上手にアピールしましょう。あなたは何かを学ぶでしょう。

下弦の月が、あなたの第6ハウスか乙女座にある場合

残念ですが、今週は義務を果たすために、本当にやりたいことができないかもしれません。

上弦の月が、あなたの第7ハウスか天秤座にある場合

家庭のことなど、私生活の問題に取り組むのに適しています。特に恋人、元恋人の問題に取り組みましょう。

下弦の月が、あなたの第7ハウスか天秤座にある場合

あなたのビジネスパートナー、配偶者、恋人との間に、不調和があるのなら今週はもっと努力しましょう。

上弦の月が、あなたの第8ハウスか蠍座にある場合

子ども、恋人、創造的なプロジェクトに関して、お金の問題が生じているなら、すぐに対処しましょう。

下弦の月が、あなたの第8ハウスか蠍座にある場合

お金、またはセックスに関して、あなたの友人と問題が生じてい

るのなら、それを解決してください。

上弦の月が、あなたの第9ハウスか射手座にある場合

あなたには壮大な考えがあるようですが、それを実現するためには、かなり頑張らないといけません。

下弦の月が、あなたの第9ハウスか射手座にある場合

あなたが人生でどれだけ達成したのかを知ることは、少し怖いでしょう。でもそれは良いことです。

上弦の月が、あなたの第10ハウスか山羊座にある場合

家庭や職場で誰かと衝突したなら、わだかまりを解きましょう。相手に優しくしてください。

下弦の月が、あなたの第10ハウスか山羊座にある場合

あなたは輝きたいのです。煩わしく思える仕事も、真珠貝の核のように、後に大きな成果を生み出します。

上弦の月が、あなたの第11ハウスか水瓶座にある場合

セックスかお金、あるいは両方の問題を手放して先に進みましょう。

下弦の月が、あなたの第11ハウスか水瓶座にある場合

お金に関するあなたの願いは、自尊心を高めれば叶いそうです。

上弦の月が、あなたの第12ハウスか魚座にある場合

大局を見ることで、あなたの恐れを振り払うことができます。

下弦の月が、あなたの第12ハウスか魚座にある場合

恐れと疑いを取り除くベストな方法は、それについて話すことです。

参考文献

Banzhaf, Hajo and Haebler, Anna, Key Words for Astrology（Weiser Books, 1996）

Boehrer, K.T., Declination：The Other Dimension（Fortunate Press, 1994）

Cooper, Diana, A Little Light on the Spiritual Laws（Findhorn Press, 2007）

Cunningham, Donna, Moon Signs：The Key to Your Inner Life（Ballantine Books, 1993）

Graham, L., The Ascended Masters（AuthorHouse, 2005）

Hoffman, Jennifer, Ascending Into Miracles（Feed your Muse Press, 2011）

Mason, Sophia, Forecasting with the New, Full and Quarter Moons（American Federation of Astrologers, 2013）

Melchizedek, Drunvalo, The Ancient Secret of the Flower of Life: v.1（Light Technology Publishing, 1999）

Milanovich, Dr Norma J. and McCune, Dr Shirley, The Light Shall Set You Free（Athena Publishing, 1996）

Myss, Caroline, Anatomy of The Spirit（Bantam, 1997）

Purna, Svami, The Truth Will Set You Free（New Age Books, 2008）

Rogers-Gallagher, Kim, Astrology for The Light Side of the Future（ACS Publications Inc., 1998）

Rudhyar, Dane, The Lunation Cycle（Aurora Press, 1986）

Sri Sakthi Amma, Connect with the Divine（Om Sakti Narayani Siddar Pedam Charitable Trust, 2011）

Virtue, Doreen and Boland Yasmin, Archangel Astrology 101（Hay House, 2014）〔邦訳：ドリーン・バーチュー&ヤスミン・ボーランド『エンジェルアストロロジー』〕

Virtue, Doreen, Archangels and Ascended Masters（Hay House, 2004）〔邦訳：ドリーン・バーチュー『願いを叶える77の扉―大天使とマスターを呼ぶ』〕

Virtue, Doreen, Divine Magic：The Seven Sacred Secrets of Manifestation（Hay House, 2015）〔邦訳：ドリーン・バーチュー『ディバイン・マジック―願いが叶う七つの秘法』〕

Worwood, Valerie Ann, The Fragrant Mind（Bantam, 1997）

Yogananda, Paramahamsa, Autobiography of a Yogi（Yogoda Satsanga Society of India, 2013）

資料

音楽

スピリチュアリティを追求する方のために、お勧めする音楽のリストです。ダウンロードして、新月の願い事や、満月の許しと感謝の儀式の間に流すと良いでしょう。もちろんいつでも好きな時に流してください。

Kirtan Alive　Edo & Jo　www.edoandjo.com/shop

Mark Watson　www.angelearthmusic.com（全部とても良い曲です）

Deva Premal & Miten　www.devapremalmiten.com

Nirinjan Kaur　www.facebook.com/nirinjankaur

Mirabai Ceiba　www.mirabaiceiba.com

ウェブサイト

www.moonology.com　ムーンオロジー　公式サイト

私のサイトでは、月が滞在中のサイン、次の新月の時期、毎日の月のメッセージなど様々な情報を知ることができます。

www.timeanddate.com/moon/phases

新月、半月、満月について学ぶことができます。

転載許諾について

158ページの満月の許しと、カルマの解放の方法は、キャサリン・ポンダー氏と故チャールズ・フィルモア氏の作品に影響を受けました。キャサリン・ポンダー氏の寛大なる許可を得て、ここに転載させていただきました。

ドリーン・バーチュー氏に、心からの謝意を表します。私たちが共同執筆した本『エンジェルアストロロジー』から抜粋した文章の使用許可をいただきました。

著者について　ヤスミン・ボーランド

George Fetting

ヤスミン・ボーランドは、占星術の執筆活動をしたいという情熱を抱き、フリージャーナリストとして最初の一歩を踏み出しました。そして、様々な不思議な転機を経て、占星術家となりました。現在はコラムを数多く執筆し、世界でも有数の占星術ライターとして活躍しています。

ヤスミンは、占星術の中でも月に対して特別の思いがあり、新月と満月を愛しています。公式ウェブサイトでは、ヤスミンから毎日の月のメッセージと、各週、各月、各年のホロスコープをお届けしています。フェイスブックのコミュニティも、多くの人が訪れて活気に満ちています。

ヤスミンはドイツに生まれ、タスマニアで育ち、その後オーストラリア、フランス、イギリスに居住しました。新月の願い事を始めたのは約20年前ですが、それ以来ずっと欠かしたことはありません。

●主な著作

『Cosmic Love』、『エンジェルアストロロジー』（ドリーン・バーチューと共同執筆）、『ムーンオロジー・オラクルカード』（いずれもJMA・アソシエイツ刊）など

フェイスブック　@YasminBolandsMoonology
公式ウェブサイト　www.moonology.com

ムーンオロジー
月のリズムの魔法を活用する

2019年8月30日　第1刷発行

著者　ヤスミン・ボーランド
訳者　長井 千寿
発行者　林 武利
発行　株式会社JMA・アソシエイツ
〒141-0031 東京都品川区西五反田2-32-1
スペースエリア飯島7F
TEL: 03-5437-0862
http://light-works.jp/

デザイン　柳田 寛之（willsnow-dfl）
印刷所　中央精版印刷株式会社

ISBN 978-4-908650-60-4